JN214543

FANZA BOOK

Supervised by FANZA

スモール出版

INTRODUCTION

本書は、Webマガジン『FANZA Magazine』内で公開されて大きな話題を呼んだ連載記事「TISSUE BOX」を1冊にまとめ、同マガジン内で公開された「FANZA REPORT 性に関する統計調査」を併録したものです。

様々な分野で活躍するクリエイター／アーティスト／文化人に「エロと創作の関係」を聞く「TISSUE BOX」は、Web連載時に公開された22名のインタビューに加えて、書籍版限定コンテンツとして新たに2名を取材しました。

このインタビューでは、人々が自身のエロ観について語りながら、同時に語り手の「人生そのもの」の話にもなっています。つまり人それぞれの「エロ観」は、その人の「人生観」や「生き方」と繋がっているのです。言い換えれば「エロについて考えること」は、「人生について考えること」と同じなのかもしれません。

普段はほとんど知ることができない「他人のエロ観」。その多様さに触れることで、読者の皆さんのエロ観（≒人生観）が少しでも拡張されて豊かになるのであれば、編集部としてこれほど嬉しいことはありません。

2019年7月 『FANZA BOOK』編集部

CONTENTS

INTERVIEW “TISSUE BOX”

FANZA INTERVIEW

TISSUE BOX

24名の売れっ子クリエイター／アーティスト／文化人が
「エロと創作」の関係を真面目に語ります。
これを読めば、人を大いに喜ばせ、
時に悩ませる「エロ」の正体が見えてくる!?

「好きなことをやっている世界に優劣はない」

INTERVIEW 01

二村ヒトシ

痴女やレズ※、ふたなりといった数々のジャンルを確立してきたレジェンドAV監督、二村《にむら》ヒトシさん。女性側の欲望や性愛についても独自の視点を持ち、近年は『すべてはモテるためである』(イースト・プレス)などの著書で文筆家としても絶大な支持を集めている彼に、AVのジャンルを築くということ、エロ業界の過去と未来、そしてなぜ人はセックスをするのか……たっぷり伺いました。

これなら勝てると思ったAV男優。しかし上には上がいた

――二村さんといえば痴女やレズ、ふたなりというジャンルを確立してきたAV業界の伝説的存在ですが、まずどのようにしてAV業界に入っていったのでしょうか。

二村　僕は演劇の世界で食っていきたくて、大学を中退して自分の劇団を作って10年くらい活動していたんです。いわゆる小劇場演劇ブームがあった頃ですね。でも当時、松尾スズキさんや宮藤官九郎さんの「大人計画」が出てきたタイミングで、こんな天才たちがいるんじゃ勝てないとも思った。文章を書くのも好きだったんだけど、そっちの道にも天才がいて。じゃあ僕はどうしたらいいんだろうと。でも、ふと「俺は小さい頃からずっとオナニーばっかりしてきたんだし、俺のエロさがお金にならないのはおかしい!」と思ったんです。

――エロの分野なら勝算があったんですね。

二村　ところが僕はAV男優としてダメダメだったんですよ。

――え、そうなんですか?

二村　なんとかAV業界に入ったのはいいものの、そこにも加藤鷹さ

※本書では「アダルトビデオの1ジャンル」という意味で「レズ」という表記を採用しています。

んをはじめとして超人がゴロゴロいた。現場で彼らと一緒に3Pをするともう敵わないんですよ。ものすごいセックスを1日3回ぐらいする生活を毎日している人々を目の当たりにして、いくら俺がスケベだって言っても体が追いついていかない。

――やっぱり上には上がいたわけですね……。

二村　でもあるとき、TOHJIROさんというSMものや単体女優ものの礎《いしずえ》を築いた大先輩に声をかけられて、ちょうど彼が関わっていたSOD（ソフト・オン・デマンド）が新しい監督を探していたタイミングで、会社に連れていかれた。だから本当に運が良かったんです。それまで監督としての実績はほぼなかったわけですから。

――なるほど。

二村　そこでプロデューサーの高橋がなりさんに「僕はとにかく女の人がいっぱいいて、彼女たちが画面に向かって襲いかかってくるような映像が好きなんです」と伝えたら「それはセルビデオの世界では“痴女”っていうんだよ」って教えてもらったんですね。自分の好きなものの名前を自分で知らないぐらい、痴女がまだジャンルとして確立されていなかった頃でした。

AVに演劇手法を取り入れ、「何に興奮するのか」を女優と話していった

――今でこそ、「痴女」というワードは女性の方でも知ってますよね。

二村　僕らの世代や上の世代にとって（編集部注：二村さんは1964年生まれ）、女性の欲望って男性にとっての脅威だったんです。まだまだ「恥じらい」が尊重された時代ですからね。いわゆる痴女的な、

チンコや男の乳首を舐めるプレイっていうのは、あくまで男の欲望に添った風俗のサービスであり、女性の主体性によるものではなかった。もちろん女性がエロく振る舞うようなビデオもあったんですが、僕はそれをよりエロくするために、演劇の要素を入れていったんです。

——演劇ですか?

二村　僕は演劇をやっていた頃、役者さんとアドリブで作品を作っていくのを大事にしていたんです。そこでAVでも女優さんとミーティングして、彼女の欲望と監督である僕の欲望を擦り合わせて、セックスしてるみたいに作りたいなと、そうやって作らないとAVにならないだろうなって思った。だって生身の人間が出演しているんですから。例えば、女性が男性を襲うという設定の台本を作るために「あなたがチンコをしゃぶりたくなるときってどういうとき?」と、具体的にその女優さんが何に興奮するのかについて聞く時間をなるべく多くとったんです。そうやって撮影したAVが、信じられないぐらい売れてしまった。

——きっと、生々しかったんでしょうね。

二村　女優さんにとってもAVユーザーにとっても、抑圧されていた部分が顕在化されたんだと思います。男性側にも「女性に翻弄されたい、受け身で愛されたい」人がたくさんいて、女性側にも「自分の好きな男を気持ちよくしてあげたい」っていう欲望があった。だから、AVで「痴女」というジャンルが浸透していくと、普通のカップルがフェラチオもするし、男も乳首を舐められるようになった。

企画はすべて会議室で決まってしまう今のAV業界

——今そういうプレイができるようになったのも二村さんのおかげなんですね(笑)。

二村 そうやって痴女が一般化する過程をみてると、つくづく「人の欲望は作られるものなんだな」と思うんですよね。

——どういうことでしょうか。

二村 ジャック・ラカンという精神分析家が「欲望の根源は、他者の欲望である」ということを書いています。ようするに人間は欲望を最初からもってはいなくて「あの人があれを欲しがっているから、私も欲しい」という具合に欲望は無意識に作られていくのだと。もっと噛み砕いていえば、人がセックスしているから自分も同じようなセックスがしたくなるということですね。AVにはいろんなジャンルがありますが、そのジャンルを選んでいる時点で誰かが作った欲望なわけです。選んでいるようでいて、選ばされてる。痴女でいえば、フェラチオって変なことじゃないんだと思い込んで、みんな舐めるようになっていきました。

——なるほど。

二村 レズもふたなりも、AVのジャンルとして今あるような形を整えたのは僕だけど、決してオリジナルでゼロから発明したわけではなく、欲望を映像に落とし込んでいったわけです。でも今の監督は大変だと思います。僕のときは「これ絶対エロいんで、やらせてください!」と言えば企画が通りましたが、今は何人もいる会議で説得して通さなきゃいけないから。

——今と昔ではAVの作り方も変わってきているということでしょうか。

二村 そうですね。今は企画が会議室で決まるんですよね。膨大なデータがあって、「この女優でこの企画をやれば初月で何本売れて、何ヶ月後にどのぐらい回収できるだろう」っていうのが読めてしまう。

——データの世界なんですね。

二村 だから、表現の中からノイズやアドリブが排除される傾向にあって、台本にはプレイ内容の詳細が丁寧に書いてある。撮影はそれをなぞる作業になりがちだから、あまりエロくない(笑)。アダルトのジャンルで「これはすごい」「こんなことは思いつかなかった」というのが少なくなってきていますよね。

セックスとは自分の面倒くささと向き合う行為

——うーん、じゃあエロの未来は、ある程度筋書きがあって、段取りが決

まったものしか出てこなくなっちゃうんでしょうか……。

二村　それは、やがてテクノロジーが解決していくんじゃないでしょうか。通信回線が5Gになって新しいアプリも開発されれば、バーチャルの中で好きな女優(の精密なCG)を相手に、好きなことが思いのままに楽しめるようになるでしょう。今の一方通行のVRなんて比にならない。

――それだけ自分の思い通りにオナニーができてしまうと、人はどんどんセックスをしなくなるんじゃないでしょうか。

二村　そうですね。セックスに何を求めるか、なんでしょうね。ちなみに、あなたはセックスには何を求めていますか？

――うーん……改めて問われると難しいですね。

二村　オナニーと違ってセックスは相手ありきじゃないですか。コミュニケーションをとらなきゃいけないし、その中では傷つくこともあるし、いろいろ面倒くさいですよね。でもね、それって突き詰めていけば自分自身に行き着きませんか？　バーチャルの世界では超人になれるかもしれないけど、セックスはどう頑張っても他人のまなざしと自分の体を切り離すことはできなくて、自分のコンプレックスや体の癖みたいなものと向き合わなきゃいけない。

――なるほど……たしかに。

二村　だから、なぜセックスするのかは「自分の体と向き合いたいから」というのが僕の中の答えなんです。自分の体と向き合うセックスこそが「いいセックス」だと思っていて、そういったセックスをすることで、やっと「自分という面倒なもの」を失うことができる最高のオーガズムの瞬間がおとずれます。これは予定調和では得られない。それを一緒になって楽しんでくれる相手と出会えたら、すごく幸せなことなんだと思います。

オナニーもセックスも、エロに優劣はない

——自分という面倒なものがなくなる瞬間……いつか味わってみたいですね。

二村 オナニーとセックスの話をしましたが、僕が最後に言いたいのは「オナニーとセックス、どっちが偉いか」なんて価値観がなくなればいいなということです。ヤリチンと童貞も優劣がなくなればいいなと。これからの時代、自分の体と向き合うのが嫌だったらバーチャルで素晴らしいオナニーを追求してもいいんですよ。VRが世の中を席巻したとしても、僕は決してそれがディストピアだとは思いません。エロのテクノロジーはどんどん進化するし、我々AV業界の人間もこれまで通りいやらしいものを作っていく。おたがい本当に「好き」なことやってる世界に優劣はないんですよね。

——たしかにそう思います。

二村 でもね、どうせやるなら、とことん「好き」を突き詰めていってほしいですね。画面の中のAV女優や男優にも、あなたが実際にセックスすることになるかもしれない相手にも、真剣にセックスをしている人はきっといます。オナニーとセックスを真面目にやればやるほど、エロはもっと楽しくなっていくはずです。

にむら・ひとし｜アダルトビデオ監督。女性側の欲望・男性の性感・同性愛や異性装をテーマに「痴女」「レズ」「男の娘(おとこのこ)」などのジャンルで革新的な作品を発売。ソフト・オン・デマンドの若手監督エロ教育顧問も務める。著書に『すべてはモテるためである』『なぜあなたは「愛してくれない人」を好きになるのか』(共にイースト・プレス)など。

「死ぬかもしれないっていう状態が、
一番エロティックだと思う」

INTERVIEW 02

菊地成孔

音楽家として様々なジャンルの音楽を手がけながら、文筆家やラジオDJとしても活躍する菊地成孔《きくちなるよし》さん。ときに「エロい」「セクシー」と称される菊地さんの手がける音楽ですが、そこにはどのような背景があるのでしょうか。ご自身のエロの原体験から、音楽とエロの関係性までじっくりとお話を伺いました。

「先生、さようなら」という帰りの挨拶をした瞬間、オーガズムが来た

——今日はエロとクリエイティビティの関係についてお伺いしたいのですが、まず菊地さんのエロの原体験を教えていただきたいです。

菊地　エロの原体験でいうと、僕の最初のオーガズムは幼稚園の給食でしたね。

——幼稚園の給食でオーガズム……？　どんな状況だったのでしょうか？

菊地　僕の通っていた幼稚園は、昭和40年代のスパルタ教育で給食で嫌いなものがあっても全部食べないと午後の授業が受けられないし、帰れないというところでした。僕は飲食店の倅《せがれ》で、親父は板前ですから、すべての給食が豚の餌にしか思えなくて、毎日毎日絶望してたんです。他の子は次の授業を受けているのに、その間もずっと冷え切った給食の盆と向き合わなきゃいけなかった。

——幼稚園児にその状況はなかなか辛いですね。

菊地　授業も終わり、僕一人を残し全員が掃除をはじめたんです。僕以外の机は全部下げられて、みんなはモップをかけている。そして帰りの時間がやって来て、「先生さようなら。みなさんさようなら」の

瞬間に、生まれてはじめて来たんですよ。オーガズムが。

――え、そこでですか？　その状況にSM的な興奮を感じてということでしょうか？

菊地　複合的にでしょうね。現代のSMカルチャーに翻訳するならばいわゆる「放置プレイ」ですし、口に入れられない残飯はメッシーの側面もある。その食いカスを今から食うのか食わないのかっていう窒息感もありますしね。そういうフェティッシュが複合的に来て、そのとき射精したんですよ。射精って言葉もまだ知らなかった歳で、精液も出ない「空砲」でしたが。

自分のフェチに触れるのは来訪神を待つ感覚だった

――菊地さんといえば以前古賀学さんのインタビュー（P.156）を行った際に、同じアンダーウォーター（水中）へのフェティシズムを持つ仲間として紹介されていましたが、それもこの原体験から来ているのでしょうか。

菊地　うーん、どうでしょうか。その給食の状況は水が一滴も出てきませんからアンダーウォーターの要素はないですよね。そもそもアンダーウォーターというフェティシズムは、僕の中の記憶できない領域が関わっていると思ってるんです。僕は逆子で、首に臍帯《さいたい》が巻きついて失神している状態で生まれてきたんですよね。母親の腹の中で首を絞められて窒息して、生まれた瞬間に溺れていたわけです。

――なるほど。そこまで遡《さかのぼ》りますか。

菊地　水の中で女の人が苦しんでると興奮するアンダーウォーターフェチに気がついたのは、どっちが先かはわかりませんが、給食でのオーガズムと同じぐらい早かったと思います。子どもの頃はテレビ映画をただただ観て、人が溺れるシーンが来るのをひたすら待っていました。しかしそのシーンが映る確率は極めて低いので、宗教でいうと、やって来る神様「来訪神」を待つ感覚に近いです。だからVHSといった記録メディアは福音でしたね。「この映画にはきっと溺れるシーンがあるだろう」って予想しながら録画して、映っていなかったとか、案の定映ってた！ とか一喜一憂してね。そういったVHSや雑誌の写真を、フェティシストたちは財産として大事に持っているはずです。

——今でこそ手軽にフェティッシュなものに触れられますが、当時は神を待つのと同じぐらい、地道な努力の積み重ねだったんですね。

菊地 今はYouTubeでありとあらゆる人が、映画の中のアンダーウォーターシーン、ウェット＆メッシーのシーン、スパンキングのシーンといったコンピレーションをいくらでも見られますよね。まあそれはそれで一種の地獄ですよね。

——地獄ですか？ 天国では？

菊地 端的に欲しいものが全部目の前に並べられてるのは、ヘンゼルとグレーテルのお菓子の家と同じで地獄へ繋がっています。フェティシズムがコンテンツ消費になってしまっているなんてニヒリズムであり、生きる望みを取り上げられて、地獄そのものでしょう。ひたすらテレビを観続けて来訪神が来たときのあの喜びは、メディアの発展によって得られなくなってしまいました。来訪神を待つ経験をしていない今のフェティッシュの人たちを推測すると、多分フェティッシュのカルチャーももう随分違ってしまっているんだろうなあと思います。そういう気持ちが、56歳の自分としてはありますね（笑）。

本当のエロティシズムとは臨死体験である

――菊地さんのエロとクリエイティビティの関係について伺わせてください。

菊地 そうですね。前提としてまずはエロティシズムという生の欲望はタナトスという死への欲望とニコイチだという原理を、誰もが切実に知るべきです。人は腹が減ったら飯を食う。生体的には満足するんだけど、その瞬間に死んでるわけ。空腹の極地にいるとき一番生きてる。死にかけないと人は生きていけないんです。つまり、オーガスムというのは「小さい死」という意味だし、「イク」っていうのは逝去の「逝」ですから。まあ、性行為中にリズムみたいに繰り返される臨死だと思うんです。ただ、セックスはしない人もいるし、意味が強すぎるでしょ。僕にとってエロティシズムっていうのは、リアルな臨

死体験全般から出てくることで、それが表現の根拠になっていますが、聴衆の多くは、それをセックスのそれに翻訳するんですよね。そうせざるを得ないというか。

——臨死体験ですか？

菊地　僕はね、2回臨死してるんですよ。さきほどお伝えしたように、生まれたときにまず臨死してる。そして2回目は、1998年に壊死性リンパ節炎って熱病になって、はっきりと臨死してるんですよね。体重が32キロになって、体はチューブだらけになって。43℃まで熱が上がるから、24時間体制で医師団が僕の体温の変異をチェックして、40℃を超えたらすぐ熱冷ましを打つ。そうすると1時間で36℃まで体温が下がるんです。これはどんなドラッグよりヤバいと思うんですよ。

——聞いているだけで恐ろしいです……。

菊地　そのあとパニック障害にもなったんですが、それはある意味精神的な臨死でしたね。僕は「死ぬかもしれない」っていう状態が一番エロティックだと思っているんです。それが表現の中枢になっているという自負があります。

僕たちは誰にエロを感じられるかわからない時代を生きている

——菊地さんの手がける音楽や演奏はよく「エロい」と言われることがありますよね。

菊地　そうですね。音楽はすべてがエロティシズムの神様に司られているものだから、エロから逃げられるものはないですね。タナトスの音楽というのは、本当に本当に難しい。どんな音楽を作っても、結局はエロティシズムに繋がるんですよ。

――「dCprG」「ペペ・トルメント・アスカラール」「SPANK HAPPY」など、現在複数のグループを抱え、様々な音楽を手がけている菊地さんですが、グループによって表現するエロの使い分けみたいなものはあるのでしょうか。

菊地　dCprGは最初から戦争をテーマにしていて、宗教や経済や国交が絡んでこない純粋な戦場で、人々が踊っている姿を表現しています。緊張と弛緩がごっちゃになった場を作り上げて、臨死するエロティシズムみたいなものを追求しているつもりです。
ペペ・トルメント・アスカラールは座って聴くし、セクシーな夜の音楽みたいなイメージになっていますが、僕の持ち駒の中では、一番タナトスを含んでいます。老醜をさらした女優の葬送曲とか、看取りフェチみたいなものも入っているし、まあ、看取りもセクシャルですけどね。

――SPANK HAPPYは2018年に再始動しましたね。

菊池　SPANK HAPPYはODという女性と僕とで、作詞も作曲も編曲も全部共同でやっています。〈男の子が機械でビートを打ち込んで、女の子がロマンティックなポエムを書く〉といった、20世紀的な男女ユニットの定番を逆転して、女の子が機械をいじって、男の子がポエムを書く、というのは、男性が育児してるみたいなもんで、単なる転倒ですよね。そういうんじゃなくて、マッシュして、つまり古いジェンダーを無化させることで、かつ、単なるユニセックスでもなく（二人には、20歳以上の年齢差もあるので）アップデートされた恋愛や性愛を表現しているつもりです。イメージとか理念ではなく、実際に現場でそうしていることが、音源やステージングに表れていると思っています。

——絶妙な配分によって成り立っているわけですね。

菊地　特にペペ・トルメント・アスカラールはよく「エロい」と言っていただけるのですが、別にdCprGのほうがエロいって人がいたっていいし、SPANK HAPPYのほうがエロいって人がいてもおかしくないし、ベートーヴェンのほうがエロいっていう人がいたっていい(笑)。エロティシズムはなんにでも隠されているわけです。

——なるほど。

菊地　なんにでもエロの要素がある以上、僕たちがどういう格好をして、どういう態度を取っても、誰にエロを感じられるかわからないわけで。例えば今ここの取材に来ている人たち全員が誰かのエロを刺激する可能性はあるし、とにかくあらゆる人々が何でエロティシズムを感じるかわからない。その中で僕は僕のエロティシズムを表す音楽をやってきたし、これからもやりつづけていきたいと思っています。

きくち・なるよし ｜ 1963年、千葉県銚子市生まれ。音楽家／文筆家。音楽家としてはソングライティングからアレンジ、バンドリーダー、プロデュースをこなす。サクソフォン奏者、シンガー、キーボーディスト、ラッパーとしても活躍。エッセイストとしての文筆活動では、音楽、映画、モード、格闘技、食などに関する批評を執筆している。ラジオパーソナリティやDJなどとしての出演も多数。

「音楽はあくまで嗜好品。エロに勝る表現はない」

INTERVIEW 03

呂布カルマ

暗黙の了解やタブーも恐れず、自分のスタンスを切れ味鋭い言葉で繰り出すラッパーたち。今回話を聞いたのは、こと見て見ぬ振りされがちな「エロ」に真っ向から立ち向かうラッパー・呂布《りょふ》カルマさん。『フリースタイルダンジョン』をはじめ、様々なメディアに引っ張りだこの彼ですが、はたして創作活動する上でエロはどれほど作用しているのでしょうか。これまであまり触れられなかった、エロが彼の表現にもたらすものについて、包み隠さず語ってもらいました。

ラッパーになる前、4年間の卓上で費やした初期衝動

——呂布さんがラップをはじめたのはいつ頃でしょうか？

呂布　大学生の頃ですね。HIP-HOPを聴くようになって半年くらいして自分もリリックを書き溜めていたんですが、人前でラップをはじめたのは大学を卒業してからですね。在学中は、やりたいなと思いながらもモジモジしていて。その当時は漫画を描いていたこともあって、そっちをメインでやっていました。

——世に出る前にはどんなリリックを書かれていたのでしょうか？

呂布　最初はただ韻を踏むのが面白かったですね。ひたすらライムを考えて、ストックして。でもどちらかというと韻を踏めればなんでもいいみたいな感じで。手当たり次第に踏んでいる感じが、けっこう今思い返してみると下品というか……。若いやつにありがちな"踏みたがり"特有の恥ずかしい感じのライムなんすよ。

——"踏みたがり"……。

呂布　はい。ひたすら四字熟語で踏んでいく、みたいな。そういったア

クを出し切ったあとに、ステージに立つようになりましたね。

――その「恥ずかしい時期」を他者に見せずステージに立てたことを羨ましいと思う人もいそうですね。ときにタブーとなるようなテーマを扱うラッパーという仕事をご自身でどう感じていますか?

呂布　普段口にしたら怒られてしまいそうな言葉なのに、逆にそこが評価されるという気持ち良さはありますね。変に咀嚼《そしゃく》せずに、起きたこと感じたことをダイレクトに言い切ってしまうのは、他のジャンルの音楽にはできない表現だとも。だからこそ日常の地続きでやれている感覚がありますね。変な気を使う必要もないし、自分の天職だな、って。俺、ポエム嫌いなんですよ。

――でも言葉尻ひとつで大きな誤解や炎上を起こしたりもしますよね。

呂布　そうですね。そいつの美学が言葉にもろに出てしまうから、発する言葉ひとつひとつ気をつけるようにはしています。なんというか、格好つけすぎてダサいやつもいるし、あまりに直接的すぎてもダサいし、その塩梅自体がそいつのセンスかなと。

賢者タイムに書いたライムも、溜まってるときに綴ったリリックも異常

――今回のインタビューは表現者の皆さんに"エロ"についてお話をお伺いしているんですけど、リリックを綴るときに性欲が役に立つことはありますか?

呂布　いえ、むしろエロは邪魔になるんですよ。自分の場合、腹が減っていたら飯を食いたいし、溜まっていたら抜きたい。友だちに遊ぼう

と誘われたら、遊びに行っちゃう人間なんで。「もうリリックを綴るしかやることないわ」という状態になってはじめて書ける。だから暇で他にやることがない状態にするためには、絶対に抜かないといけないんです。

——じゃあ呂布さんの場合、溜まってるときに書いた詞は楽曲にならないと。

呂布　そうっすね。たまにライブのツアーで地方に行ったときって謎に3時間くらい空き時間ができたりするんですよ。外だしオナニーもできない状態のときは、仕方なく書いたりします。でもやっぱり言葉が散らかるんですよ。溜まってると。

——散らかる。

呂布　そう。基準は設けてないんですが、パッと見てリリックの良し悪しはわかるんです。きちんと抜いたあとだと同じ下ネタの言葉でも、なんかこう、品があるんですよ。とはいっても賢者タイムの状態ではそれもまた違うんですよね。雑念があまりに消えすぎていて、それもまた異常な状態だと思う。

——できるだけフラットな状態でいることが大事なんですね。

呂布　自分はかなり極端な性格をしているので、10代の頃も賢者タイムになったら目の前のズリネタをビリビリに破って捨てたりしていたんです。さっきまでそれで抜いてたのに。冷静になって考えてみると異常じゃないですか。

——たしかに（笑）。

呂布　なので、賢者タイムを終えたあと頭の中に残っている言葉やフレーズこそが使える言葉ではないかなぁと思っていますね。20代の頃に出した3rdアルバムの『STRONG』で、自分の中のエロやドラッグ、リビドーは出し切った感覚はあって、あとはもうエロはちりばめるくらいでいいかなって。

――これからはどんなリリックを綴っていくのでしょう。
呂布　かつて鋭いライムを放っていた先輩方が歳を重ねて、童謡みたいなリリックを書かれることも少なからずあって。それは個人的にはナシなんで、ある程度の雑味と鋭さは保っておきたいなとは思いますね。まあ後先考えず、目の前のことをフラットに綴るだけです。

芸術はエロに勝てない。娯楽は余剰にこそ生まれる

――今回呂布さんにインタビューさせてもらったのには理由があって。いつも呂布さんはグラビアの画像をTwitterに載せているじゃないですか？それはグラビアがお好きでそれを公言しているからこそだと思ったんです。
呂布　そうですね。大学時代に篠崎愛のグラビアを見てから週刊プレイボーイを毎週買うようになって、それからはグラビアアイドルの画像をディグるのが趣味になりました。音楽のディグは仕事に近くなっちゃったから、純然たる趣味といえるのはこれくらいなんです。

――ともすれば、それは恥ずかしいこととして避けてしまいそうじゃないですか。でもそれを言いたいし、見せたいと。
呂布　はい。こんなに素晴らしいグラビア画像があるのでそれを見てほしいという気持ちで。言い方を変えれば、自分の審美眼を誇示し

たいということですね。グラビアやAVに出ている人のことは基本的にリスペクトしています。女の子の一番いい時期を俺らに捧げてくれているので。

——好みのグラビア収集フォルダから画像をさらすことで、奇をてらっている意識はないんですね。

呂布 全然ないですね。普通に告知しても退屈だし誰も見ない。だったらグラビア写真の綺麗なねえちゃんを添付したほうが、Twitterを見てる人も楽しいかなと。ビールのキャンペーンポスター広告があるじゃないですか。あれと同じ感覚です。あとは、例えば大きいケツが好きだとかガリガリの人は苦手とか、どうしても好みが如実に出てるから、俺がアップする写真を嫌がる人がいるんです。そういう人とはその時点でサヨナラできるというのもいいっすよね。

——ちなみに、呂布さんはどんなAVが好みですか？

呂布　基本的にファンタジーとして受け取れるものが好きですね。なんかずっとパンツにバイブ仕込んでるやつとか。ありえねぇだろっていうのがバカバカしくて好きです。好みのタイプは、尻がでかくて乳輪大きい子っすね。

——それはなぜ？

呂布　なんか、偏見ですけど乳輪大きい子って優しそうじゃないですか。一方で、リストカットの痕が見えたり、その子の暗部が見えたりする作品は嫌っすね。基本的に元気な女の子が楽しそうにエロに没頭しているのを見たい。AVって、大抵の女の子は短い期間活動して辞めていく。その限りある一瞬を俺らは見させてもらってるんで、そこへの感謝がありますね。普通に考えて、あんなに可愛い子たちのセックスを見られるなんてありえないことですもん。私生活で会ったことのないレベルの可愛い女の子がセックスしてる姿を、俺は数百円で見てるのか……ってたまに我に返るんですけど、それってめっちゃすげぇって思いますよ。

——エロというもの自体にはどんな印象を持っていますか？

呂布　3大欲求に直結しているものなので、それはもうどうあがいたって芸術はエロに勝てないでしょうね。そこは完全降伏しています。

——例えば自分のライブより目の前のセックスを優先されたら悔しいとかはないですか？

呂布　ないですね。だって自分が曲を作るときだってエロを消化してから作っていますから。エロを差し置いてでも綴られたリリックなんてないですから。やっぱりどんな偉そうなこと言ってもエロが必ず先にくると思います。めちゃくちゃ眠いとき、めちゃくちゃ腹減ってるときもライブには行かないじゃないですか?

——たしかに、すごく眠いときにわざわざライブには行きませんね。寝ることを優先してしまいます。

呂布 性欲も同じくらい強いと思うんです。例えば、楽しみにしていたバンドのライブのチケットが手に入っていざライブ会場に行くぞっていうときに、ちょっとブスめの女友だちからヤレる感じのメールが来たら多分ライブ行かずにそっち行くじゃないですか。俺自身のライブに置き換えてみても、「そっか、じゃあまた今度でいいよ」ってなります。

娯楽としての音楽をこれからも綴る

——今日お話をお伺いして、何に対しても好き嫌いや優劣がはっきりしている印象を受けました。

呂布 そうですね。白黒はっきりとさせたいですね。いろんなものがあふれている中で、「全部いいじゃん」ということもできるけど、「全部いいんだったら、別にお前じゃなくてよ良くね?」みたいな気持ちはある。全部いいかもしれんけど、より良いものはあるし順位は付けられるじゃないですか。そこから逃げてるやつは、だせえなと思いますね。「エロもラップも自分の言いたいことはきちんと言うよ。あとは各々《おのおの》で判断してくれ」と、そんなスタンスで生きていきたいです。

——ことなかれ主義は何も生まないと。30代半ばになって、リビドーから離れた呂布さんが今後どんな音楽を作るのか楽しみです。

呂布　まだリビドーはありますよ。だって35歳を過ぎてもオナニーしてるなんてガキの頃は想像すらしませんでしたから。ただ、こと音楽に関しては、初期衝動ではなく余裕がある人のところから生まれてほしいっすね。「衣・食・住・性」がちゃんと満たされた上での「余剰」で楽しむくらいがちょうど良いと思ってるんで。 あとは、スープになるくらいまで咀嚼してしまった言葉だとやっぱつまらないんで、多少歯ごたえのあるものをこれからも作っていけたらいいですね。

りょふ・かるま ｜ ラッパー。名古屋を拠点に活動。バトルイベントにおいて華々しい功績を収める一方、トラックメイカー・鷹の目と設立したレーベル・JET CITY PEOPLEからコンスタントに作品をリリースし続けている。

「遺影は伏せて抜く。
その後ろめたさこそが、人間らしさ」

INTERVIEW 04

宮川サトシ

著書『母を亡くした時、僕は遺骨を食べたいと思った。』(新潮社)で注目されて以降、引きこもり気質の青年が主人公のSF作品、『情熱大陸』の出演に固執する自身の姿を描いた作品、育児アピールをする父親を描いたエッセイ漫画など、日常で見落としがちな些細な言動や心情を題材にした漫画を描いてきた宮川《みやがわ》サトシさん。しかし、「エロに関しては、あえて避けてきた」と彼は言います。エロと自身の創作との"埋まらない距離"と"後ろめたさ"とは? そこには、心の機微を冷静に、ときに過剰に見つめる宮川さんならではの視点がありました。

エロに対するぬぐい切れない照れ

――宮川さんの漫画家デビューは34歳ですが、それまでどんな創作活動をしていたのですか?

宮川　自分の表現を模索する中で、人が思いつかないような面白いことをやりたくて、漫画だけでなくいろいろな表現に挑戦していましたね。妻の実家で、テレビ番組「あらびき団」に投稿するための動画を作っていた時期もありました。トンチの利いた下ネタを書道が得意な妻に書いてもらって、使用済みティッシュのようにクシャクシャにする動画です。

――意外にも下ネタを投稿していたんですね。しかも奥さんと……。

宮川　当時は漫画でも、「作品にエロを取り入れた方がウケるのでは?」と思っていた時期でしたね。しかしその後は、下ネタは次第に扱わなくなりました。意識的に避けたんです。

――たしかに宮川さんの漫画作品にはエロが描かれていない気がします。

ちょっとユーモアとして出てくるくらいで。

宮川　シェフの気まぐれサラダみたいに、たまに陰毛をまぶすくらいならできるんですよ。そんな風にギャグ要素としての多少のエロならいいのかもと思ってるんですけど、エロを真正面から描いて、自分の性癖があらわになることに対しては過剰に照れを感じてしまいますね。商業的にも面白いと思えるレベルにまで持っていけないとも思いますし。それは他人の作品や言動にも感じちゃいます。ラジオで福山雅治さんが下ネタを言ってるのを聞いても「無理しないで、無理しないで」と心配してしまうくらい他人のエロにも過敏なんです……。

——……それはかなり過敏ですね。

宮川　たまに「私はいろんなエロを知ってます！」と豪語される方も世の中にいるじゃないですか。あんなの、僕には絶対言えないですよ。周りにはAV女優やAV監督さんの知り合いもいますし。そんな人たちの前でエロを語るのは、戦争で人がバンバン死ぬのを見てきたおじいさんの前で、「けっこうサバゲー好きなんだよね」と吹聴することと同じじゃないですか。そんなの恥ずかしくて恥ずかしくて。

——それはちょっと大げさじゃないですか（笑）。

宮川　いや、実際似たような経験をしたんですよ。飲み屋で「寝取られ系のAVが好きなんだよね」と話したら、居合わせた方に「実際に寝取られるとね、本当に辛いですよ。何日間か吐いて、体重が5kg落ちましたよ」って真顔で言われたんです。もう、恥ずかしくて仕方がなかったですよ。圧倒的にエロの経験値が足りないから、常にそういった「エロに対する引け目」を感じていますね。

――それでも、「宮川さんのエロコンテンツ読んでみたい！」と支持してくれる読者がいたらどうですか？

宮川　絶対そんな声信じないですよ……。僕が2万人くらい抱いていたら話が違ったんでしょうけどね。そのくらい抱いてればそりゃ描いてみたいですよ。『俺とセックス』とか、『This is SEX』とか。やっぱりエロに対して優れた表現者がいる中で、自分ごときが、という気持ちはずっとありますね。

エロは微弱なWi-Fiでもあり、本のカバーでもある

――これまでエロを避けてきたのにこの取材を受けてくださったことが意外なんですが、どうしてですか？

宮川　エロに向き合うことで新しい扉が開く気がしたからですね。こ

れまではエロを避けてきたけど、ちょうどいいタイミングだなって。

――やはり、創作する上でエロは避けて通れないと考えている部分がある、と？

宮川　そうですね。できるだけ意識しないようにしても、どこか視界の端にチラチラ入り込んでくるんです。スマホが勝手にどこかのWi-Fiの電波を拾うみたいに。どうせ微弱な電波なら、むしろ拾わないでくれって思いますよ。

――漫画家を目指していた頃もエロを避けていたんですか？「有名になってモテたい！」とか、エロが原動力にはならなかったのですか？

宮川　うーん……たしかに20代の頃はとにかく「モテたい」という気持ちはありました。ただ、それって創作のレイヤーとは別なんですよね。バンドマンがよく「モテたいからバンドを始めた」って言うじゃないですか。それはたしかに動機ではあったかもしれないけど、実際に楽器を持ってかき鳴らしている瞬間には、そんな煩悩は消えていると思うんです。あくまでライブの前後にエロが転がっているだけで。そのレイヤーを見極めないで、一緒くたにしているだけなんじゃないかなって思うんです。

――エロは動機にはなれど、創作し続ける原動力にはならないと。

宮川　僕の場合、エロは本でいうと表紙やカバーみたいなものかもしれないですね。読むきっかけにはなるけれど、物語が始まると実は遠いところにあるという感じ。冷静に自分を振り返って考えると、「男としてモテたい」というよりは、「作品を通じて自分の“脳ミソ”に惚れてほしい」と思うんです。自分自身が考えていることの得体の知れなさに共感してほしいんですよ。

——そうなると読者としては改めて宮川さんが考えるエロをもっと知りたいですけどね。

宮川　僕、漫画を描く時にひとつ決めていることがあるんですね。それは極力「嘘をつかない」ってことなんです。実際にあった物事の運びを、読者にとってわかりやすいものにするために「A→B→C」を「A→C→B」に変えることはアリなんだけど、嘘は極力つかない。人の作品を見ていて、「これちょっと盛ってんじゃない〜？」と思ってしまうことも多いので、自分はそう思われたくないなあって。だから、エロについても本当に自分が思っていることしか描きたくない。もし描くなら、はじめてのキスの味はレモンの味なんかではなく、タバコ臭い最低の味だった、ってちゃんと描きたいですね。

伊丹作品に感じた、命をかけたエロが原体験

——宮川さんのエロの原体験はなんでしたか？

宮川　僕がはじめてエロスを感じたのは、子どもの頃に見た伊丹十三監督の映画『タンポポ』ですね。作中で、男女が生卵の黄身を崩さないよう口移しで何度もやりとりするシーンが描かれていたんです。それが生々しくて、とにかくエロくて。

——たしかに伊丹作品には官能的なシーンが多いですが、どんな点が宮川少年に響いたんですかね。

宮川　伊丹作品のエロは、生々しくて、決してスタイリッシュじゃない。お遊びじゃなくて、生きるため。行為後、どちらかが死んでてもおか

しくないようなね。そういうエロを最初に見たから、エロってずっとそういうものだと思って生きてきたんです。「命がけで真面目にやらなきゃいけない」って、やっぱりどこかで思ってるんですよ。海外の伝統的なお祭りで、死人が出るような激しいものがあるじゃないですか。エロっていうものはそれくらい本気でやらないといけないというのが、伊丹監督に教えてもらったことかな（笑）。

後ろめたさにこそエロの本質がある

——歳を重ねて、エロに対する欲求や興味は増してきていますか？

宮川　家庭を持ってからは育児をする自分が勝ってしまっているので、そういう意味では加齢と共に落ち着いてきてしまっていますね。オス

宮川さんの作品。左より『宇宙戦艦ティラミス』『東京百鬼夜行』『母を亡くした時、僕は遺骨を食べたいと思った。』（すべて新潮社刊）

であることを忘れてしまったようで、情けないとは思いますよ。ただ自分の名誉のために言いますけど、朝起きるとまだまだめちゃくちゃ元気です。とはいえ、独身の頃も合コンに行きまくるタイプでもなかったですし、行ったとしても、口説きに頑張っちゃってる自分を同席している友人に見られるのが恥ずかしい……みたいな男なんです。

——ご結婚されてから、一人磨き事情はどうなんですか？『母を亡くした時、僕は遺骨を食べたいと思った。』ではAVを観ながらお母さんの存在を気にするシーンがありましたよね。

宮川　そう。親戚のおばさんに「死んじゃったけど、お母さんはいつもあんたのそばにいるからね」って言われたのがずっと心に残ってて。だからオナニーするときも「こういうときもそばにいるのかな……」って気になって、そのときだけ母の遺影を伏せるんですよ。いくつになってもオナニーには後ろめたさがありますよね。

——たしかに後ろめたさとオナニーは切り離せないものかもしれません。

宮川　うちの近所には郵便局が2カ所あるんですよ。近い郵便局と、ちょっと遠いけどスーパーが近くにある郵便局。妻と子どもが「今から郵便局に行ってくるね」と言ったときには、その隙に済ませたいから「どっちの？　どっちの郵便局に行くの？」って執拗に聞いてしまって。そんな自分を俯瞰で見た瞬間に、俺は何やってんだろうって。

——なんだか情けないけど、育児をするパパにとってはあるあるかもしれないですね……。

宮川　でも同時にそういう後ろめたさこそが、人間である唯一の証明なんだとも思うんです。AIにはきっとこの気持ちは理解できないでしょうね。いつかGoogle Homeに「何をしているのですか？ なぜミヤガワは遺影を伏せるのですか？」と聞かれるかもしれません。

——答えづらい質問ですね（笑）。その光景、まさに宮川先生の漫画に出てきそうなシーンです。

宮川 基本的に、僕の中のエロはダサいですからね。だから漫画で表現するなら、ダサくて後ろめたい部分にアングルがいくと思います。妻には「これまでエロを描くことを避けてきたぶん、マグマが溜まっている感じがする」と言われるくらいなので、たぶん今金玉パンパン状態なんですよ。ただその前にエロ以外のアイデアがどんどん湧いてくるので、どうしても後回しになっちゃってるんです。いつになるのかわからないですけど、僕の中のエロが大噴火するときがそのうちくるかもしれません。

——マグマの噴火がいつ起こるか。読者として期待しています。

みやがわ・さとし ｜ 漫画家。エッセイ『母を亡くした時、僕は遺骨を食べたいと思った。』、『情熱大陸への執拗な情熱』（共に新潮社）、『そのオムツ、俺が換えます』（講談社）、ネーム原作『宇宙戦艦ティラミス』（新潮社）、『僕!!男塾』（日本文芸社）、コラム『ジブリ童貞のジブリレビュー』（幻冬社『GOETHE』連載）等。

「エロは猥雑なもの？ 芸術？
自分でもわからないから撮り続けられる」

INTERVIEW 05

笠井爾示

橋本マナミ、川上奈々美、そして数多の東京の女性たちをまとめた写真集を発表している写真家・笠井爾示《かさいちかし》さん。商業誌などで活躍する一方、写真家としても多くの女性のあらわな姿を撮り続けている笠井さんは、「エロ」についてどのような考えを持っているのでしょうか。

ドイツの空気を思い切り吸い込んだ10代の記憶

――10代の頃、笠井少年はどんな人だったのでしょうか？

笠井　親が舞踏家だったので、海外公演で世界を廻ることも多く10代の頃は日本にいなかったんですよね。

――どちらに住まれていたんですか？

笠井　ドイツです。3年くらいで他の家族は帰国したんですけど、僕はドイツに残って13歳から一人暮らしをしていました。結局日本の大学に進学するまでずっとドイツにいました。

――サラッと話されていますけど、相当珍しい経験をされていますね。

笠井　そうですかね。お世話をしてくれたドイツの家族もいたのですが、基本的には一人暮らしをしていました。

――日本とドイツとでは文化がまったくといっていいほど異なる気がするのですが、中学・高校時代はどんな風に過ごされていたのですか？

笠井　向こうには“部活動”がないんです。だから学校が終わると、ディスコに年齢偽装して忍び込んでタバコを吸って遊んでいました。今の法律はわからないですけど（笑）。

――それはすごい経験ですね。不良グループに属していたんですか？

笠井　特別そんなことはないと思いますよ（笑）。割とみんなそんな感じでした。

――どんな遊びをされていたんですか？

笠井　僕がドイツにいたのは80年代中頃で、友だち同士で農家の倉庫を使ってイベントをやっていました。レイブとまでは行かないけど、その前身となるようなものが流行りだしていたんですよ。たまたま同級生にDJミキサーとターンテーブルを2台持ってる人がいたので、自分も同級生に借りてDJをやってみたんです。当時、ダンスミュージックやR＆Bに傾倒していたので。

――なんかすごくイケてる学生だった感がありますけど、日本の学生とは違った文化圏だからこそなんですかね。ちなみに、初体験もドイツ人とですか？

笠井　ええまあ、ドイツ人でしたね。

――10代の頃に見てきたものが今の笠井さんの礎になっている感じがしますか？

笠井　そういう部分は少なからずあるのかもしれません。

「写真は日記」と荒木さんの写真に教わった

――ドイツから帰国して日本の大学に入られましたが、写真家になろうと思ったのはいつ頃のことですか？

笠井　大学生の頃は建築家になりたくて、環境デザインの勉強をして

笠井爾示 作品集『トーキョーダイアリー』（玄光社） カバー写真

いたんですよ。で、たまたま授業で暗室を使って写真をプリントする機会があって。なんか面白そうだなーって軽い気持ちでやってみたら、すごく面白くって。きっかけといえば、それですかね。

――影響を受けた写真家はどんな人でしょうか？

笠井　始まりがそんなノリだったから、当時どんな写真家がいるのかも当然知らなくて。その頃僕は吉祥寺の建築事務所でアルバイトをしていたので、お昼休みに吉祥寺のパルコの地下にあったパルコブックセンターにとりあえず行ってみたんです。当時写真集のコーナーって広かったんですよ。そこを見ていたら荒木経惟氏の写真集を見つけて。90年から93年ぐらいの頃、荒木さんは毎月のように写真集を出されるくらい精力的に活動していたんですよ。

——荒木さんといえば、「エロ」のイメージが強いですよね。緊縛もやられていました。

笠井 皆さんそうおっしゃいますよね。でも、写真集をつぶさに見つめると意外だったのが、荒木さんはエロだけではなくて、花や空の写真とか、日常の一コマのようなさりげない写真もかなりの数撮られていたんです。荒木さんは91年に奥さんの陽子さんに先立たれるのですが、他界されるまでをまとめた写真集『センチメンタルな旅』(河出書房新社)の頃は空の写真ばかりを撮られていて。荒木さんの写真に出会うまでは、「格好いいものを撮らないといけない」「構図が決まっているものを撮らないといけない」とか思っていたんですけど、そういった前提や固定観念を覆されたような感じがしたんです。こんな風に自由に写真を撮ってみたいな、と思うようになったんです。

——そこで、自分が何を撮っていくべきかを考えるきっかけになったと。

笠井 そうですね。荒木さんが撮っていることって、ある意味では日記や私小説のようなものだと思うんです。だから僕も、とにかく日記のように撮りたいと思った。日記だったら、その日の夕飯や、関係を持った女の子の姿、ふと目に入った空や花も撮影するだろうと。それは今でも同じです。今日もこうしてカメラを持ってきています。この取材を受ける道すがらも、写真を撮ってきました。

エロい写真を撮りたい。エロくないと思われるのは癪

——なぜ女性の裸を撮るのでしょうか?

笠井 「裸」というものは、僕の中で必ずしもプライオリティが高いわけではないんです。普段からずっとエロのことばかりを考えているわ

けでもないですし(笑)。ただ、女性を撮るならできるだけエロく撮ってあげたいとは思うんです。女性を撮るとき、裸はエロスのひとつの発露だと思っています。誤解されてしまいがちですが、別に脱がし屋になりたいわけでも、その女性と一夜の関係を結ぶために脱がしているわけでもないんですよ。

——これは受け手の解釈にもよりますが、ヌード写真って撮り方によっては猥雑で俗っぽいものにも芸術的なものにもなるじゃないですか。劣情を掻き立てるものと芸術の差みたいなものについて笠井さんはどんな答えを持っていますか?

笠井　つまらない答えになってしまうかもしれませんが、自分は非常にフラットですね。綺麗に撮りすぎてもつまらないし、かといって猥雑になりすぎるのも嫌で。写真を撮るときって、自分の中にある答えに

向かって撮るわけではなく、答えがない中を探していくんです。例えば、自分の性癖やエロスを感じるポイントは自分の中ですでにわかっている。でもそれに近付いていっちゃうと、自分を押し付けているような写真になってしまう。「抜ける」写真は撮れるかもしれないけれど、それが果たして正解なのかどうかはクエスチョンなんですよ。もし「抜ける」ものを作りたかったら、僕はAV監督をやっているでしょうし。

——野暮な質問だったらすみません。これはみんな知りたいところだと思うんですが、撮っていてセックスしたいと思うことはないんですか？

笠井　写真を撮る行為は、その人のいい部分を見つけていくことに重なるから、撮れば撮るほど、その人を好きになってしまいます。だから、そういう気持ちにならないといったら嘘になります。でも僕の仕事はあくまでも写真を撮ること。そのような個人的な感情は一切分けるようにしています。基本的には撮影が終わったらご飯も飲みにもいかず、すぐに帰るようにしていますね。「笠井との仕事は撮ったあとのご飯や飲みもセット」って思われるのも嫌ですし。そのほうが被写体の方と良好な関係性を維持できることが多いんですよ。

——なるほど。自分とその人の個人的な関係性というより、写真を撮り続けていたいというのが第一にくるんですね。

フィクションとノンフィクションの境界を見つめて

——女性の裸を撮ることのどんな点が面白いと感じていますか？

笠井　そもそも女性というものに対して抗えない憧れみたいなものがあって、そこに立ち向かうべく撮っている、みたいなところはあります。口下手ですし、カメラがあるから乗り越えられる瞬間があるというか。だから毎回その場その場の偶然の中で被写体とセッションしている感覚です。相手の表情はどんどん変わっていくし、被写体側も普段の自分とは違うものを表出していくのがわかる。だからいつまでも飽きないんです。あと鑑賞者が写真に対して背景を勝手に想像してくれるのも面白いですね。それがフィクションなのかノンフィクションなのかわからない。そうやって投げっぱなしになっているのがいいですね。実際の背景と、見た方が想像する背景が違って受け取られていても、それはそれで面白いと思っているんです。

——虚実入り乱れているからこそ面白いと。

笠井　そうですね。被写体と一緒になんだかわからないものを一緒に探している感じがしています。自分でもいまだにそれがなんなのかよくわからない。でも、「エロとは何か」「写真とは何か」がわからないから続けられているんじゃないですかね。

かさい・ちかし ｜ 写真家。1970年生まれ。1995年に初の個展『Tokyo Dance』を開催。写真家ナン・ゴールディンに見出され、1997年に同名の写真集を新潮社より出版。以降、音楽、ファッション、カルチャー誌などエディトリアルの領域で活躍。CDジャケットやグラビア写真集も数多く手がける。

「想像の外にあるエロは、劣情なんかじゃない。
エロの豊かさは実践にこそ」

INTERVIEW 06

湯山玲子

エロは男性のものだけではなく、女性のものでもあります。——何をいまさらそんな野暮な話を……と言いたくもなるけれど、そう大きな声で言えない時代がたしかにありました。 時代の移ろいを鮮やかな切り口の言葉で描く著述家の湯《ゆ》山《やま》玲《れい》子《こ》さん。彼女いわく「インターネット一般化以前は、性癖やオナニーライフを女性が語れるような空気はなかった」そうです。湯山さんは現在、エロをどう捉えているのでしょうか。時代を痛快に射抜く、彼女の鋭い批評眼と生き様が浮き彫りとなります。

オナニー、性欲は「ないこと」にするのが女子の流儀

——湯山さんは数々のエッセイで、各時代の男性像と女性像、性に対する捉え方を端的に表現しています。今日は湯山さん自身が育ってきた時代から今に至るまでのエロの移り変わりと、女性から見るエロというものについて教えていただきたいと思います。

湯山 はい。遠慮なく聞いてください。

——湯山さんが思春期だった頃と現代。性についてはどんな違いがありますか?

湯山 女性たちの性の解放がインターネットの登場によって一挙に進んだ印象があります。男女問わずズリネタが無限にネットに転がっていて、それを自由に活用する性文化はすでに一般的ですよね。ピンクローターやバイブなど、道具を使ったオナニーもなんら特別ではないこととして受け入れられているし。こういった女性の性の解放への流れって、実は70年代にもあったんですよ。ウーマンリブと呼ばれたフェミニズムの嵐が吹き荒れ、中山千夏さんという女性作家が『からだノート』という女性の体と性に真面目にかつ軽快に述べた本

がヒットしたり。

――話には聞いたことがあります。

湯山　「女性には自己決定権がある」「自分の体を愛そう」。そんな流れが当時あったんだけど、様々な要因からその感覚は、一般には浸透しなかった。その後日本はバブル期になると、性関係においては男尊女卑モードの男性と上手いこと関係を築いて、その中で自分たちのおトクを求めればいいのでは、という流れに移行したように感じています。

――性的な欲求を表面上は上手に隠し、男性との関係性の中で見せていく感じですね？

湯山　そう。ある種の取引が男女間で成立していた感じよね。一方で、その頃のフェミニストたちって、性を存在しないことのように扱っていた気がするんですよ。だから一般の女の子が積極的に「性に関心がある」とか「オナニーをしている」なんて絶対に口外できなかった。そんなことが他者にバレたら、たとえ同性であっても「あの子って変な子だよね」とレッテル貼りをされていたくらい。ギリギリ、「男がいないから自分を慰めるというのならまだ理解できる」っていうレベルかな。でも今の時代、たとえパートナーがいたとしても、オナニーは別物でしょう？ 不肖、わたくし小学生の頃からオナニーしていたけど、それを隠して生きるのが大変だったもの。

――女性同士の間でも扱えないテーマだったんですね。

湯山　セックスの話はOKであっても、オナニーはタブーだった。それが急変したのは、携帯電話、インターネット時代になってからですよ。

そこではズリネタはもとより、匿名だからこそのリアルな情報が次々とアップロードされていた。お悩み相談でも、公然とオナニーを主張するサークルなんてものも出てきてね。

——ズリネタに困らない時代。

湯山　そう。女性は性交自体でオーガズムを得てない人も多いから、100%イケるまで追求できるオナニーライフのほうが楽しかったりする、というのが本音かもね。妄想の世界のお相手は、自由自在ですから。

性欲は劣情なんかじゃない。劣情にとどめてはいけない

——オナニーライフの充実と共に、性の形はどう変わっていったと思いますか。

湯山　今の時代オナニーライフは充実しているけれど、日本が先進国の中でセックスの回数がダントツで低いのは有名な話ですよね。男性にしたら、動画でこんなに綺麗でエロい女の人たちのセックスを観ることができて、リスクの少ない風俗産業も充実していると、どうしても生身の人間同士の交わりって避けちゃうでしょ？　例えばあなた、尊敬できる上司や友だちとセックスできる？

——うーん、どうしても上司や女友だちはその対象としては見られないですかね……。

湯山　日本のほとんどの男性は、親しい女友だちや尊敬できる女性の上司に対しては、勃たないんです。本能としてのオトコを奮い立たせるためには、女性を少なからずマウンティングしなければならない。「幼

さ、天然、バカっぽい、世間知らず、純粋」といった記号をまとっている女性のほうが、男性はソノ気になりやすい。一方で「尊敬、成熟、自立」という記号は、その真逆ですからね。互いを尊敬し合う存在になると男性に欲情されなくなるから、あえてバカを装う女性は世の中にたくさんいる。その影響はテレビをつければ一目瞭然ですよ。「舌ったらずの、万年少女のような喋り方」の女性コメンテーターが少なくないのは、「可愛げ」で劣位につくことで自分の言葉を世の男性たちに届かせる戦術ですからね。

――その戦術に我々男性は見事にハマってしまっているわけですね。

湯山　いろんなメディアを見回しても、そういったテクニックが溢れているじゃない。女性が男性に媚びるテクニックばかり。それってとても不幸だなぁって思う。セックスっていうものは、そうした劣情や欲望のはけ口ではなくて、強力な絆の結びつきを生む素敵な行為なんですよ。でも日本人は、どうしても肉体と精神を分けたがる。セックスをするのは、交際しているパートナー、もしくは、お互いあまり知らない肉体だけの関係という極端さ。不倫ももはや、まるで犯罪同様の行為になってしまってますからね。昔は男と女の間には、もっと寛容なグレーゾーンがあったように思います。

オナニーと実践の両輪こそが人生を豊かにする

――湯山さんはどんなものや人にエロを感じますか?

湯山　そうねえ……極論を言うとね、私、仕事や美味しそうなお店、流行っていること、つまり世の中で起きるほとんどを「つまらない」と思っているの。そういう社会そのものに対する失望はけっこう若い

頃に味わって、それが基本トーンなんですよ。その割には、ものすごくリアル人生を充実させているので、矛盾しているようなんだけど。そもそもの期待値が低いからこそ、手に入れた生き方なんだよね。「世界にまったく期待しない。しかし、自分が動くと世界から美味しい果実が落ちてくる」って感じかな。新しいことを見つけて、その真相を知って、その本質を味わうという快楽をずっと得続けてこの歳まで生きてきた。音楽や文学、映画もそうね。成熟消費社会は、お金を払えば味わえるサービスが充満していて、それを口をあんぐり開けて待っているだけの人生になりがち。自分から捕まえに行く筋力が完全に弱まっていると思う。

——これまで様々な男性を見てきたと思うのですが、男性の面白さってどんなところなのでしょう?

湯山　やっぱり自由さ、なのかな。女の人は月に一回生理というものがあって、それだけでもブレーキになる。今は生理用品の素晴らしい発達で、日常の行動に支障はなくなっているけど、閉経後の私から見ると、アレは本当にアンカーだったんだな、と思う。だからこそ女性は地に足がついた生命力があるように言われていて、基本的に真面目な存在。それに対して男性は、不真面目で自由よね。ふわふわした雲を必死でつかむ感じというか。明日死んでも構わないような危うさというか……。そういった力が宿っている男性って本当にセクシーだと思う。

――性生活はどうでしょう？

湯山　もちろんオナニーは手慣れたもんで(笑)。でもそればっかりになってないで、常に両輪を持っておかないと。「イマジネーションの世界でのエロ」と「リアリティとコミュニケーションのエロ」。この二つは別腹だから、両方をハイブリッドに持っていたいなって思うんです。

――どっちも逃げないんですね。

湯山　言っておきますけど、これからの世の中を生きていくには、潔い二者択一は命取りですよ。妄想の世界でも十分遊び、実人生の関係性も別腹で追求する。ようするにバイリンガルですね。自分の身体も日々老いていくし、時代も変わる。その変化を受け入れつつ、乗りこなせるような気概は常に持っていたいですよ。

――好きなジャンルのAVばっかり見ていないで、他のジャンルの良さを見つけるのもそうですね。

湯山　そうよ。思考停止が一番ダメ。あなた、女性に劣情を抱いてしまうのなら、今度からはその慣れ親しんだ快楽回路を捨てて、女性を女神様だと思って、「尊敬セックス」して見たらいかが。まあ、1時間クンニすることから始めてみたらどうだろう？

——1時間ですか……（笑）。

湯山 いつものストーリーで、ラクしていたらダメってことですよ。

——お話を伺っていると、エロは教養と同じくらい「豊かさ」を育むものだという印象を受けました。

湯山 経験や知識が身についてくると、だんだんわかった気になっちゃうでしょ。でもそれを疑って、次の山を見つけるようにしたいですよね。30代で人生わかって落ち着こうとするタイプの人を見ていると、残念だなあ、と。私の経験だと、40代でやっと本格的に自分が主人公のライフスタイルが固まり、その足場をもって自由に、そしてインパクトの強いものになっていくのが、その上の年齢だと思いますからね。

——エロは、イマジネーションだけじゃないと。

湯山 そう。実践と両方で豊かにしていくものです。

ゆやま・れいこ｜著述家、プロデューサー。現場主義をモットーに、クラブカルチャー、映画、音楽、食、ファッション、ジェンダー等、文化全般を広くそしてディープに考察、著作に『女ひとり寿司』（幻冬舎文庫）、著書『女装する女』（新潮新書）、『四十路越え！』（角川文庫）、『ビッチの触り方』（飛鳥新社）、上野千鶴子との対談集「快楽上等！ 3.11以降を生きる」（幻冬舎文庫）。『男をこじらせる前に 男がリアルにツラい時代の処方箋』（角川文庫）、二村ヒトシとの対談集『日本人はもうセックスしなくなるのかもしれない』（幻冬舎）等。クラシック音楽の新しい聴き方を提案する、「爆クラ!」イベントを開催中。日本大学藝術学部文藝学科非常勤講師。

「草食化と言われているけれど、
彼らはちゃんとヤリまくってる」

INTERVIEW 07

佐野恭平

かつては雑誌『CHOKi CHOKi』に始まり、某有名整髪剤の広告などにも起用され続けたメンズモデル佐野《さの》恭平《きょうへい》さん。2015年に起業し、現在は10代向けのWebメディア『MTRL(マテリアル)』の編集長としても活躍しています。その端正な顔立ちゆえ、さぞかし順風満帆で、女性を泣かせ続けてきたのでは、という編集部の穿った仮説のもと始めた今回の取材。しかし、モテ男ならではの苦悩と業がこぼれ落ちました。佐野氏ならではのエロとの不思議な付き合い方とは……?

ただ生きているだけで、他人に「調子に乗ってる」と囁かれる人生

――早速なんですが、やっぱり学生時代からモテモテでしたか?

佐野　いきなり直球の質問ですね(笑)。そうですねえ……たしかにモテたんですが、学生時代には忘れもしないトラウマエピソードがあるんです。中学1年の頃、僕は静岡に住んでいたんですが、友だちを介して東京の女の子と連絡を取ってデートしたことがあったんですね。

――なんだ、やっぱりモテエピソードじゃないですか。

佐野　いやいや、この話には続きがあるんです。その子と池袋のサンシャインシティ水族館で楽しくデートしたあと、東京から静岡へ一人で帰っている最中に「マジでキモかったんだけど。もう二度と会いたくないわ」ってメールを受け取ったんです。

――うわ、イケメンでもそんなことが起こるんですか。

佐野　すごくショックを受けましたね。地元じゃモテるのに、東京では自分はダメなんだなと痛感して挫折しました。それがなかったらそのまま「俺はモテる!」と調子に乗っていただろうけど、彼女のメール

のおかげでそんなに調子に乗らない人生になれたのかなって今では思います（笑）。

——意外と非モテっぽい経験もされていたんですね。

佐野　他にも、やたらと怖い先輩たちに因縁つけられることもありましたね。こっちは何もしていないのに。モテるといっても、決していい思い出ばかりではないんですよ。中学の頃はとにかく目立ちたくなかったです。目をつけられるとボコられるから。髪を伸ばしなるべく顔を見えないようにして、言動も目立たないよう気をつけて生きていましたね。別に調子に乗ってなんかいないのに、すぐ「調子に乗ってる」ってラベリングされちゃいますから。

——それは大変ですね……。しかしイケメンの恋って百発百中って感じがするんですが、佐野さんって失恋の経験はあります？

佐野　もちろんフラれた経験もありますよ。中学2年生の頃、地域でもトップ2の高校に進学するくらい頭の良い先輩に惚れていたんですが、告白するもフラれてしまいました。でも諦め切れなくて、彼女が進んだ高校に自分も進学してやると決意したんです。当時、自分は数学で6点取っちゃうくらいものすごいバカで（笑）。とにかく、努力しましたよ。結局、その先輩が行った高校には行けませんでしたが、それでもトップ3の高校に進学しました。

——恋の力ってすごいですね（笑）。

一人の人を愛し続けることができるのか、今の自分にはわからない

——高校卒業後、大学に進学されました。派手な大学生生活だったのでは？

佐野　まあ、大学生にもなるとけっこういろいろなパターンで女の子に声かけられるようになるんです。なんだか嫌味に聞こえるかもしれないですが、告られること自体に慣れてきちゃうんですよ。

——とても嫌味に聞こえます。

佐野　女の子からするとはじめての告白かもしれないけど、自分からしたらもう何十回目の告白ですから。どうしてもシチュエーションにも慣れてきますしね。「あ、このパターンね」「まずは友だちから説明が入るパターンか」みたいな。でも相手に失礼にならないよう、はじめて告白されたようなリアクションをしてましたよ。緊張する新卒をほぐす面接官みたいな。

——とても嫌味に聞こえます。

佐野　でも基本的に僕も楽しいことは好きなので、女の子から連絡先とかもらうとつい返事しちゃうんですよね。「どこ住んでるの？」「今度遊ぼうよ」とか。当時付き合ってた彼女もいたんですけど、ほどよい距離感でキープみたいなことはしちゃってました。

——佐野さん、悪いですね。それは悪い男です。

佐野　まあ、ただそれで面倒な目にもあいましたね。自業自得なんですけど。今になって思い返してみると、自分を好いてくれている人の心に触れて、弄ぶのを楽しんでいたのかもしれないですね。

——佐野さんは好意も悪意も人の倍もらってきたからこそ、そのあたり

ちょっと変になっちゃってる部分があるのでは？

佐野　うーん、そうかもしれない……。今はもうしないですけど、友人の彼女を寝取るのが好きな時期があったんですよ。その恋人間の関係性が厚ければ厚いほど、そこを覆すのに背徳感があって楽しかったんです。「うわ、こんなに簡単に寝取れるんだ」って。楽しいと同時に、人に絶望もしますよね。「自分たちのこと最愛のパートナーって周りに言ってるけど、結局人って嘘ばっかだなー」って。

——……そんなことをしていたら人を信用できなくなりそうです。

佐野　うん、そういうことをやっていた時期があったから、今特定の女性と付き合いたいとか、愛し合いたいっていう感情がないんだろうな……。例えば経済的にも容姿的にも、何か自分より上回る男性ってたくさんいるから、もしそういう人が目の前に現れたときにその恋人

はどうするんだろうとか考えてしまう。人が嘘をつく瞬間をたくさん見てきたから、もうまともな恋愛はできなくなっているのかもしれないです。

——モテる人にそんな悲哀があるとは知りませんでした……。もはやイケメンだけが抱えている業《カルマ》と言えますね。

佐野　現時点では、「人は、一人の人をずっと愛することはできない」というのが自分が出した答えです。どんなに誰かを好きになっても人は平気で嘘をつくし、人は自分が一番可愛いものだし。極論、恋愛ってあんまり意味がないことだなって思うこともあります。愛ってなんだろうみたいな、根源的なことを最近は考えちゃってます。

現代の若者だってヤりまくってますよ

——恋愛遍歴とは裏腹に、佐野さんは若者向けメディアの編集長という一面もお持ちですが、今の若い男性って「性」に対してはどうなんですか？

佐野　昔に比べて中性的になったとか草食とか言われてますけど、表面から見るとそう見えるだけで、全然みんなヤりまくってますよ。例えば、インスタのストーリーで「今日も一人で飲んでる」ってアップしてる男の子たちがいるでしょう？　あれって、女の子からの「じゃあ一緒に飲もうよ～」っていうDMの“反応待ち”なんですよ。

——ははあ、それは知らなかった。

佐野　とはいえ実際、女の子と遊ぶより家でテレビを見たりゲームをしていたいという子もいるにはいるでしょうけれど。時代的にガツガツした肉食系が見えにくくなっただけで、水面下でクソほど彼らはヤってるんですよ。ただ拒否られることに対してメンタルが弱い男の子は増えているので、ちょっと予防線を張って完全に落とせる女子にしかいかないみたいなタイプはすごく多いかも。

――ここまでモテ街道を歩まれてきた佐野さんの野望ってなんですか?

佐野　世の中から「非モテ」をなくしたいです。世の中で目にするネガティブな出来事や言動って、その根幹は個人の鬱屈とした感情から来ていると思うんですね。非モテという状態がなくなり、人々の負の部分が解き放たれていけば、もう少し世の中良くなるのではと思っているんです。あとはかつてのメンズ誌が作ってきたバカバカしいけど面白いコンテンツを今の時代に合う形でアップデートして若い子たちに楽しんでもらいたいと思いますね。そんな媒体をこれからも作っていけたらいいなって。

――なんだか終始イケメンに偏見を持ってしまいすみませんでした。

佐野　いえいえ(笑)。ありがとうございました。

さの・きょうへい | 1986年8月22日生まれ。静岡県出身。株式会社MTRL代表取締役・メンズ向けWebサイト『MTRL(マテリアル)』編集長。2015年5月に『MTRL』をリリース。同サイトは、イケメンモデルを起用しながら、リア充層と呼ばれる男子中高大学生へファッション・ヘア・ハウツーなどのモテにまつわる情報を発信している。

「エロのレッテル貼りをされたことで、
“役割”を与えられた気がした」

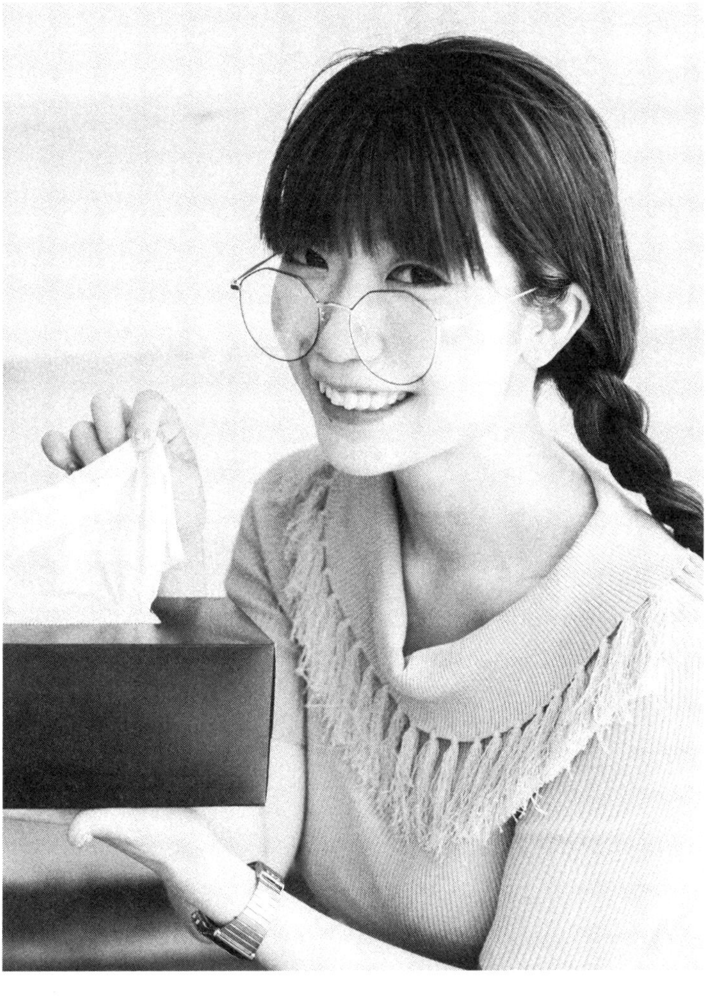

INTERVIEW 08

ぱいぱいでか美

強烈な、インパクトのある彼女の名前。一度耳にすれば、二度と忘れることはないでしょう。その名は「ぱいぱいでか美《み》」。音楽活動を出自としながら、人気テレビ番組のレギュラーもこなし、コラムやグラビア活動をも行う若手クリエイターです。「胸が大きい」という身体的な特徴を自分自身が肯定することで、人生がぐっと前進した彼女。エロと自身の活動の関係性を紐解いてもらいました。

胸がでかいことが嫌だった学生時代

——ぱいぱいでか美さんって、10代の頃はどんな女性だったんですか？
でか美　一言で言えば、「三重県の片田舎で暮らすギャル」でしたね。

——え、ギャルだったんですか？　それはちょっと意外な感じがします。
でか美　そうですか（笑）？ ギャルになるか、オタクになるかの二択しかないような社会で、ギャル側に至っただけなんですけどね。まあ、見た目は普通の中学生がちょっとイキってるような感じです（笑）。当時『Popteen』という雑誌が流行っていて、そこに掲載されているアイテムをわざわざ三重から名古屋まで行って買うような女子中学生でした。髪の毛も、学校に怒られない程度に染めて。

——いつから歌手を目指すようになったのでしょう？
でか美　最初に歌手になりたいと思ったのは小学2年生くらいの頃。宇多田ヒカルさんが15歳でデビューされているのを知って、歌手を目指して10年経てば自分も宇多田さんのようになれるもんだと漠然と思ってました。中学生の頃は、浜崎あゆみさんや倖田來未さんの音楽をよく聴いてましたね。あとはよく『週刊少年ジャンプ』を読みに男子の家に遊びに行ってたので、そのおかげでBUMP、アジカン、UVERworldなども聴くようになって。高校に入ってからは、ハロプロにどっぷりハマりましたね。

——その後、自分も音楽をやりたいと思うようになったわけですね。

でか美　そうなんです。だんだん「歌手になりたい」という気持ちが強くなっていって、高校卒業後、三重県を離れて東京にある音楽の専門学校に入学しました。まず4人組のバンドを組んだんですけど、いろいろあって割と短い期間で解散しちゃって。それで、こうなったら一人でやってやろうと思って、バンド時代から使っていた「ぱいぱいでか美」を芸名にソロで活動するようになったんです。

——この「ぱいぱいでか美」というネーミングですが、かなりキワモノ感あるんですけど嫌じゃなかったんですか？　もろにセクシャリティに関わるものだし。

でか美　実はこれ、インカレサークルの先輩につけられたニックネームで。普通に考えたらセクハラですよね（笑）。でも名付けられた瞬間に、「胸が大きい」ということが嫌じゃなくなったんですよ。

——それまでは嫌だったんですか？

でか美　私、小学生時代はけっこうな肥満児だったんです。「太ってる」って人から直接言われたことはなかったんですが、運動会で二人三脚をするとき、先生の指示で太ってる子とペアを組まされたんですね。ほら、ああいった競技って自分と体格の似た子がパートナーになりますよね。その瞬間に「あぁ、私ってこんなに太ってるんだ」ということに気づかされて。かなりショックを受けたのを覚えています。

それからというもの、牛乳をたくさん飲んで縦に伸ばしていくよう意識していたら、たしかに身長は伸びて痩せたんですけど、おっぱいだけはふくよかなまま残って。小学4年生の頃にはすでにスポブラをつけていました。思春期の頃には、自分の顔ってブスなんだと過剰に意識するようになって、「顔が可愛くないのに胸がでかいって気持ち悪いな」って思えてきたんです。それからは、地味めな格好であまり胸のラインが目立たない服を着るようになりました。

——できるだけ胸のことは隠しておこうと。

でか美　そう。さんざん悩んで苦しんだ胸だったのに、サークルの先輩があっけらかんと「ぱいぱいでか美」なんてニックネームを付けてくれちゃって(笑)。でもそのとき、巨乳キャラとして扱ってもらうことで、自分に"役割"が与えられた感覚になったんです。そんな風に思うなんて、自分でも最初はびっくりしましたけど。それからは自分の胸の大きさをあんまり気にしなくなり、むしろタイトな服や谷間が見えるような服も着るようになって。自らSNSの名前も「ぱいぱいでか美」に変えました。キャラとして周りから定義付けされることで、こんなにも生きやすくなるのは発見でしたね。

グラビアやAVの撮影現場を想像して感動していた

——とはいっても、今の名前を名乗るようになってから、誰かに後ろ指さされたり、扱いが変わったりすることってなかったですか？

でか美　めちゃくちゃありましたよ！　大抵の男は「おっぱいでかいんだ、触っていい？」みたいな雑な口説き方をしてくるし、勝手に「ヤレる女」として認定されるし。対バン相手に「うちのギターは"ちんちんでか夫"

なんですけどね（笑）」っていじられたときは「そのどうしようもないベタなボケ、通算200バンド目だぞ」みたいな気持ちになるんですけど、それでもそういった言葉にいつもにこやかに対応していました。こんなとち狂った名前、誰ともかぶってないからTwitterでエゴサーチしやすいし、谷間とかセクシーな写メを載せるとバンドマンたちがめっちゃリツイートしてくれたから、まあ、この感じでやってみようとなんとか踏ん張って使い続けました。

――そもそも自分自身がエロに対して抵抗があまりなかったというのもありますよね、きっと。使える武器は使おう、みたいな覚悟が見え隠れしている気がして。

でか美　10代の頃、よく男子たちに混ざってグラビア雑誌を回し読みしていたんですが、そのグラビアの女性やセクシー女優さんたちにすごいリスペクトの念があったんです。そして、こういった作品に出演している女性の周りにはたくさんのプロの人たちが関わってるんだと勝手に想像して、感動している自分がいたんです。若い頃に感じたそんな感覚のおかげか、その後私も自分で企画してグラビアをやりましたね。

——そんな昔からグラビアやAV作品をリスペクトしていたんですね。

でか美　ひとつ残念に思うのが、いまだに「AV堕ちした」とかいう人がいるのにけっこうびっくりしちゃうんですよね。今は自ら希望して脱ぐような時代なのに、まだそんな古いことをいうのかなって。まあでも「借金があって仕方なくAVに出演した」とか「悪い業界人に騙されてあれよあれよという間に脱がされた」とか、そういうステレオタイプな古いイメージじゃないと抜けないのなら仕方ないのかなぁとは思うけど。でもやっぱり、「AV堕ち」なんて呼び方は「AVの人にもグラビアの人にも失礼だぞ」って思いがあります！

先に賢者タイムが来るから、一夜限りの関係はない

——個人的にAVを見たりすることってあるんですか？

でか美　ありますよ。高橋しょう子さんはグラビアの頃から好きだし、あとはロリ系だと加賀美シュナさんとかミニマムの作品もけっこう好きで。サンプル動画を観て、ストーリーが気になったり、好きな女優さんの作品だったら買います。最近デビューした、えーっと名前が出てこないな……新人賞取ってた……あ、小倉由菜さんだ！　もう、め

ちゃめちゃ可愛いです。しかもすごくエッチなんですよね。

——めちゃくちゃ詳しいですね。

でか美　そうなんです、AV大好きなんです(笑)。だから、ちょっといいなって思ってる男性と楽しくお酒を飲んでも、そこからホテルに行くような雰囲気になると冷めて帰っちゃうことがあるんですよ。いわゆる、「賢者タイム」が先に来ちゃうんです。一夜を男性と過ごして睡眠時間を削られるくらいなら、家でAVを観てからぐっすり寝たほうがいいなって。

——その男性にとっては辛い夜ですね(笑)。

でか美　ちょっとひどいですよね(笑)。なんだか男子みたいで恥ずかしいんですけど、寝なきゃいけないのに寝られないとき「AV観てオナニーするかぁ」ってなるのは多いです。こんな名前をしてるのに、けっこう性欲を忘れがちなので(笑)。そんな夜にAV作品を観ると一旦体がリセットされる気がするんです。だから多分AVを楽しむ時間がなかったらダメになっちゃう。「衣・食・住・エロ」のバランスって本当に大事だなって思います。あえて大声で言う必要もないけれど、そのバランスを包み隠さず肯定していきたいなって。気負うつもりはないですが、この名前を名乗った以上はできるだけエロにも正直でいたいです。

——最後に、活動を通じて世の中へどんな影響を与えたいですか。

でか美　自分がグラビアやアイドルをやっていることを親に言えていない女の子とか、かつての私のようにコンプレックスを抱えて生き辛そうにしている子たちが、どういう形であれ生きやすくなっていければいいなって思います。私のような、こんなエロくて変な名前の人がある程度受け入れられている世の中っていうのは、ちょっと前だったら考えられませんでしたからね。

ぱいぱい・でかみ ｜ 1991年生まれ。一度聞いたら二度と忘れられない名前と、「言うほどでかくないがそこそこでかい」おっぱいを武器に、場所を選ばず大活躍。日本テレビ『有吉反省会』『24時間テレビ』NHK『紅白歌合戦』への出演、大森靖子プロデュース楽曲の発表やゲスの極み乙女。の幕張ワンマンライブへのゲスト出演、はたまた『週刊プレイボーイ』での水着グラビアなど、ジャンルやメディアにとらわれず神出鬼没。

「エロ産業は、秘するからこそ成り立つ」

INTERVIEW 09

鈴木涼美

元々AV女優として活動し、その後新聞記者に。そして現在は作家や社会学者として活躍している鈴木涼美《すずきすずみ》さん。性産業に生きる女性たちの欲求や生き方を探る彼女ですが、そこには昼と夜の両方の顔を併せ持った社会学者ならではの視点がありました。

エロは秘するものか、否か

――鈴木さんは大学在学中にAV女優として仕事をされていたそうですが、エロ業界にそもそも興味があったのですか？ それとも業界の構造を実践から知りたかったのでしょうか？

鈴木　これまで著書の中でいろいろと言い訳めいたことを書いてきたのですが、私はフィールドワークの実践でAVの世界に入ったわけじゃなくて、単純に私自身がそういった夜の世界に興味があったから踏み込んでいったというだけなんです。そもそも育った環境が普通の家庭だったので、自分とは違うスキャンダラスな環境に対する憧れはあったかもしれないですね。

そしていざ実際にその世界に身を置いてみたら、そこで生きている女の子たちが持つ雰囲気とか空気とか使っている言葉とか、或いは持っているプライドみたいなものが面白いなと思って。

その後大学院に入るタイミングで私はAV女優を引退したので、せっかくなら夜の世界で生きる女性たちを文化資源として研究してみようと思ったんです。エロ業界の女の子が持つ空気感みたいなものをアカデミックな分野で言語化したらどうなるんだろうと。

――夜の世界で生きる女性を論文にするなんて、面白い試みですね。

鈴木　ただ実際は論文だと書きこぼれる部分というか、彼女たちの「普通の生活」の部分ってなかなか学術的な論文とは相性が悪かったんです。私はアウトプットの形に特にこだわりはなかったので、論文から書きこぼれる部分はエッセイでもいいし、そこからも書きこぼれるようであれば小説でもいいし、小説でまた書きこぼれる部分があれば一周回って論文で書いてもいいかなと思って。様々な側面から、彼女たちの生態をあぶり出したかったんですね。

——著書の中で鈴木さんは「AV産業に従事する人は“なぜその仕事を選んだのか”その理由を常に要求される」とおっしゃっていましたね。たしかに我々は彼女たちに「動機」を求めている部分があるな、と思いました。

鈴木 やっぱりエロ業界って、いろんな意味で人々の興味を刺激するんですよね。「AV女優だった」という経歴は、「鉄道会社に勤めていました」という経歴より確実に質問攻めにされることが多い(笑)。「ギャラって実際どうなの?」「男優さんのテクニックってやっぱりすごい?」とか。それに、秘すべきこと、普通だったらやらないことをやっているのは、そこに何かしらの理由があるのだろうと好奇心をくすぐるんでしょうね。

私自身、元セクシー女優という肩書は隠しようがないので公表してますけど、やっぱり強い肩書ですよね。正直言って新聞記者になるほうが難しいんですけど(笑)。

——AV業界の中にいた人として、現在の業界内外の動向をどんな風に見ていますか?

鈴木 以前に比べ、世間の女性に対するアプローチが増えていると感じます。明日花キララさんや紗倉まなさんも、女性ファンが多いですよね。完全な男性向けコンテンツだったものから、だんだん開けてきていると思います。それはエロに対するハードルが低くなったからか、はたまたこれまでもしっかり女性のファンがいたのがSNSによって可視化されるようになったからなのか。
エロの対象でしかなかった彼女たちが、いまやファッションアイコンや美容のリーダーにもなっています。それもあってか「立派な職業だよね」と言うおじさんが増えたように感じます。

――いますね(笑)。そういうおじさんたち。

鈴木 「AV女優は下賤《げせん》な職業だ」っていうことがすっかり時代遅れになってきたので、先進的でリベラルであるアピールとして、「AV女優はすごく立派な職業だと思う」なんて言いたがるおじさんは増えまし

たよ。でも自分の娘や奥さんが実際にAV女優になったときは、結局前近代的な発想に戻るんじゃないかなって思ったり。そのあたりにまだまだハリボテ感を感じるというか……。
実際のところ、AV女優という職業がアパレル店員や医者と並ぶような時代になるとはどうしても思えなくて。少し秘匿されているものや、タブー感があるからこそAV女優という職業には価値があるのかなって。
この「性を売る」っていう商売が、クリーンなビジネスとして認められてしまうと、独特の背徳感みたいなものもなくなるし、興奮もしなくなってしまうのではと思うんです。世間一般のルールに沿っていくのではなく、そこはこのエロ業界独特の論理で動いていくべきではないかと。他と同じ物差しで測ったら、この世界は多分破綻すると思うんですよね。

——今社会が向いているのはそっちの方向ですね。

鈴木　そもそも、一般社会でそんなに上手に生きていけないような問題を抱えている人が生きやすい場所、セーフティネットでもあったわけですし。今はまともな人ばっかりになっていて、生き辛さを抱えているような人はこの業界にもいられなくなってきているのかなって思ったりもします。
ただ、業界自体が悪徳なものはちゃんと淘汰されるように自助努力をしているのは素晴らしいと思います。

欲望されることを欲望するという女性という生き物

——ところで、女性の性欲ってどんな特徴がありますか？ 男性のそれと

は違うのでしょうか。

鈴木　そもそも男性と女性の欲望の構造って違うんですよね。男の人は女の人のことを素直に欲望するんだけど、女の人は男の人を欲望しつつも、男に欲望されることを欲望しているんです。

——欲望されることを欲望している？

鈴木　そう。だからキャバクラとか風俗とかAVの世界に入ると、女性は男性に求められることに対して貪欲になっていく傾向があります。男の人が自分の容姿や性に対して興奮するのって、女性にとって大事なことなんですよね。しかも夜の世界はそれが具体的な数字として見える世界。欲望されることを欲望するという、女性の性欲の構造そのものが職業として形作られているんです。

——なるほど……夜の仕事をそんな風に捉えたことはなかったですね。

鈴木　例えば、ホストクラブで遊ぶ女性たちにも同じことが言えます。彼女たちはお気に入りのホストをNo.1にさせるため彼らにお金を使うのですが、大金を注ぎ込めるのは、キャバクラや風俗など夜の仕事で稼いでいる女性であることが多い。つまり、より多くの男性客に欲望され稼いだ女性が、ホストクラブで勝者になれる仕組みなんです。女性の欲望を「見える化」させた、よくできた遊びですよね。

——鈴木さんご自身は女性向けAVを見たりすることはあるんですか？

鈴木　私はあんまり見ないですね。友人が出演しているものは見ることがありますが。どちらかといえば、作品より彼女たちの日常に興味があるので。最近では女性向けAVなども出ていますが、私はイケメンの男性の裸を見ることで濡れることはないかな。

結局のところAVなどのエロ産業というのは男性の欲求や夢が詰まった場所で、それによって支えられて成り立っているんですよ。女性は稼げる場として乗っかることはあれど、どっぷり自分たちが欲求を満たす場としては、男性ほど機能しないんじゃないかなと個人的には思う。私はドラマ内の福士蒼汰さんのキスシーンや、少女マンガの男性キャラの言動に興奮してますからね(笑)。

性欲に変わる"原動力"はあるのか?

——ところで、エロは創作活動の原動力にはなるのでしょうか。

鈴木 それについては私も「欲望の社会学」というタイトルで以前研究したこともあるんです。「性欲がすべての動機の根源にあるんじゃないか」という仮説のもと話を進めていたんですけど……。まだバブル時代はそれで少し説明がつくんです。いい車を買って、いい女をものにして。そのためにはいい男になるよう頑張らなきゃって。でも今の男の子たちに話を聞いても、そういう意識がほとんどない。性欲を根源にという意識が……。

——性欲ドリブンの人が少ない?

鈴木 そう、性欲ドリブンの人いないんですよ。むしろやりがいや構図、ミーニングのほうが重要だと。そこでこの企画も暗礁に乗り上げてしまって。ただ性欲って、他に代替できるようなものがあるとは思えないくらい強い欲求のはずなんです。人間の欲望の中でもとても特殊なものですからね。その性欲の代替えがなんなのか、今のところは答えが見えないんです。

——そこを今後もリサーチしていこうというモチベーションはあるんですね。

鈴木　基本的には女性をテーマにしているので、私のメインテーマではないんですけど。ただ、性欲に変わるドライブのかけ方があるのか、或いはそんなものはなくて本当にみんなやる気を失くしてしまってるのか、それには興味がありますね。

すずき・すずみ｜1983年生まれ。東京都出身。慶應義塾大学在学中にAVデビュー。東京大学大学院修士課程修了後、日本経済新聞社に5年半勤務した。著書に『「AV女優」の社会学 なぜ彼女たちは饒舌に自らを語るのか』（青土社）、『身体を売ったらサヨウナラ 夜のオネエサンの愛と幸福論』（幻冬舎文庫）。『おじさんメモリアル』（扶桑社）、『オンナの値段』（講談社）も好評発売中！

SUZUMI Suzuki

「変態セックスは、
普通のセックスをしたあとにたどり着くもの」

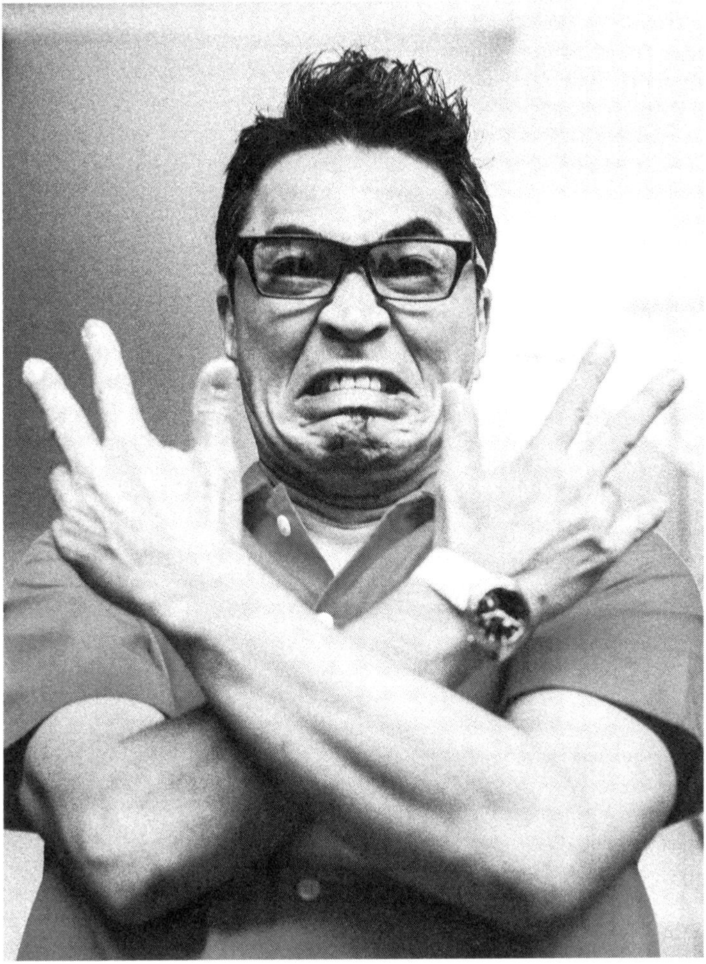

INTERVIEW 10

石野卓球

日本の音楽界を牽引してきたレジェンド・石野卓球《いしのたっきゅう》さん。「このインタビューの依頼を受けたとき、これは1回では収まらないぐらい話すことがあるなって思ったんです」。取材開始早々、彼は笑顔でそう語ってくれました。そして宣言通り、まるで深夜ラジオを聴いているような爆笑と感動に包まれた前代未聞のインタビューに。石野卓球、満を持して「TISSUE BOX」に降臨！

はじめてのエロ本は、とりあえず舐めたよね

——そもそも、石野さんがエロに目覚めたのっていつ頃なんですか？

石野　小学校低学年くらいじゃないかな。うち、店をやっていたんですよ。ほら、よく学校の隣とかにある、パンとか置いている店ありますよね。子どもの頃から雑誌が読み放題だったんで、営業していない日曜なんかは閉まった店でよくエロ本を読んでましたよ。しかもうちは立地が良くて、女子校の隣なんです。そんな環境だったから、まあそりゃ早く“目覚め”ますよね。

——そんな境遇だと周りの友人たちとの間にエロの知識差が生まれそうですね。

石野　そう。おっぱいを見ても興奮なんてしなくなった頃に「おっぱい、おっぱい！」なんて周りが騒ぐもんだから、「こっちは地デジ見てんのに、お前らまだ万華鏡見てんの？」みたいな感じでしたよ。でもそれはそれで孤軍奮闘です。俺だけどんどん進んじゃってるから、エロに対する疑問が生まれても、周りの友人たちとは共有できないし、大人にも聞けない。「こんなに際限なくエロに興味があるなんて、自分は恐ろしい病気なのかもしれない」って子どもながらに心配になってましたね。

――すごい子どもですね……そんな石野さんでも、はじめてエロ本見たときはやっぱり興奮しましたか？

石野　とりあえず舐めたよね。……舐めるよね？ エロ本。当時、エロ本の黒く潰されたところにバターを塗ると、隠れた部分が見えるようになるって噂話があったんですよ。だからうちの店中のエロ本全部にマーガリンを塗ってみたよね（笑）。でも黒塗りはとれなくて、やっぱりちゃんとしたバターじゃないとダメなのか……って。

――エロへの開花するのが早かったぶん、さぞや楽しかったんじゃないですか？

石野　いや、むしろその逆ですよ。エロをわかればわかるほど不安になるんです。今だったらエロの異ジャンル開拓の喜びってすごいけどね。一応、当時はまだ純朴な少年だったから。俺がMに目覚めたばかりの頃、80年代のSM雑誌はまだまだ男がSの設定ばかりでね。男がMっていうのは当時は本当に少数派だったんです。学ランの襟を内側に折って背広っぽくして、国道沿いにある「安売り王」みたいな感じのビデオ屋でSM系の本を買ってました。で、勇気出してわざわざ買っても自分の求めていた中身じゃないとがっかりしてね。苦労してましたよ。仕方なく古本屋で、いわゆる“ゾッキ本”という新古本を買うんです。俺みたいな性の苦学生にとっては学割みたいなものでした。

SMやスカトロの前に、1回基本をおさえようぜ

――話は変わるのですが、以前のインタビューでSMやスカトロ系のVHSを再び集めているっておっしゃっていましたよね？

石野　そうそう！　記憶の中にある当時のレイアウトやコピーがどれくらい合ってるのか、歳を重ねてから確かめたくなってね。80年代のエロ本は比較的探すのが簡単なんだけど、スカトロ系のVHSを探すのって本当に大変なんですよ。なにぶん性癖がインディーなもんで。で、集めたエロ本やスカトロVHSを改めてチェックしてみたら、二つの雑誌がマッシュアップされてたり、インパクトあるセリフが全然頭に入ってなかったり。「え、こんなババアだったっけ!?」みたいな衝撃がたくさんあったね。記憶は美化されるもんですね。

――そのスカトロVHSって、エンタメ感覚で観るものなんですか？

石野　いやいや、スカトロ系はエンタメとして観ちゃダメでしょ！　エンタメというよりはアスリートを見る感覚。「人間として生まれてきて、うんこを食べる」というアスリート的行為をする人のバックボーンに想いを馳せるのよ！　そう、たまに出演してる男優や女優がうんこを食べた瞬間、ハッて我に返って「オエッ」となることがあるんだけど、それを俺は「人戻り」って名付けたの。

――（爆笑）。

石野　人間を卒業したのにもかかわらず、たまにこっちに戻ってきちゃうところがなんとも奥ゆかしい。あと男優さんの体の日焼けをチェックして、「普段は職人の仕事をしているんだなぁ」とか、リストバンド焼けを見ると、「この人夏フェス行ったんだなぁ」なんて想像するのが楽しくて楽しくて。

――そんなところまで見てるんですか……！

石野　そうだ、今日絶対言っておきたかったのが、SMとかスカトロとか、

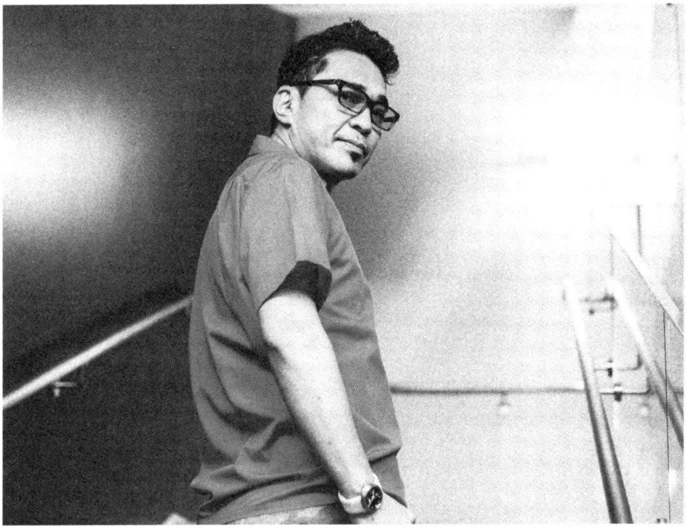

いわゆる変態セックスって普通のセックスをしたあとにたどり着くものなんですよ。でも今の時代はネットのおかげで、免許がなくてもエロのA級ライセンスを簡単に取れてしまうというか……。童貞の人が前戯をしたこともないのに、やろうと思えば食糞まで楽しめちゃうのって、まあすごい世の中になったなぁって思いますよ。でも俺がその筋の先輩としてひとつ言っておきたいのは、まず1回、普通のセックスだけはしとけよ、と。バッターボックスに立つときはさ、打ち方の基本は知っておかないとね。でも打ち方を知らないと、バットを股に挟んで、キャッチャーミットを頭に被ってバッターボックス立っちゃうでしょ？　それじゃあピッチャーも困っちゃうし、野球にならない。こういう人、周りにも意外といるんですよ。

——ありがたいお言葉です。

建前のない人生を選んだ理由

――それにしてもどうして石野さんはそこまでエロに対して正直でいられるんですか？

石野 ジェンダーロールの崩壊……のような意識が、昔から自分の中に強くあってね。女子校が自宅の隣にあった分、普段女性が男性の前では見せないバックステージを、幼い頃から見てきた過去が影響していると思うんです。建前じゃない部分を、早い段階で見聞きしているのが大きいと思いますね。

――たしかに。それは大きそうですね。

石野 昔は「建前がないと人に嫌われるんじゃないか」とか、「これはいき過ぎなんじゃないかな」と思っていたこともあったんですが、やっぱり全部出しちゃったほうがいいですよ。

――じゃあ読者のみんなもエロを解放しちゃったほうがいいと思いますか？

石野 それはものによります！ 俺みたいに自分の性癖を他人と楽しむ・楽しませる覚悟があればいいけど、他人と共有できないものはナシ。最終的にエロは周囲の仲間や恋人と愛し合うための手段のひとつだから。

――まともな意見ですね（笑）。

石野 俺、ピロートークが大好きなんですよ。やっぱり肉体関係があったからこそ見せられる人柄、話ってあるじゃないですか。「この人の性格って、この性癖から来てんのね」みたいなものって、セックスしないと見えてこない。オナニーももちろんいいけど、ひとりで壁当てするより、二人でキャッチボールやったほうが楽しいよねって。

——ちなみに、年齢を重ねていく中で性欲が衰えたり、煩悩が減ったりすることはないんですか？

石野　全然。歳をとると煩悩が減るってよく言いますけど、そんなことありえないですよ。みんな偉いおじさんになっちゃって、立場上、煩悩を見せないようにしてみたり、エロを面倒くさがったりしてるだけで。むしろ俺は「あらゆることを煩悩として捉えてみよう」みたいなところがある。そうなるとやっぱりこういう人間になっちゃう（笑）。

——エロへの興味がご自身の創作活動に活きた感覚ってありますか？

石野　エロから学んだのかはわからないけど、音楽の掘り方は割とやってることが近いよね。例えばハウスとかテクノが好きだったら、その後は類似ジャンルのテックハウスにいくとか。そこはエロの好きなジャンルが徐々に広がっていくのと一緒だよね。あと、「これは自分の好みじゃないな」って思っても、マナーとして異ジャンルのものも知るようにしてるかな。そこも音楽とエロは一緒だね。

——音楽もエロも、好みじゃないジャンルのものをあえて知ろうとする？

石野　そう。自分が嫌いなものはわざわざタッチしなくても生きていけるんですけどね。でも、むしろそういった嫌悪するものにこそ好きなものが隠れていると思っていて。それに、そういう余計な労力をかけたほうが人生豊かでしょう。自分の活動はそういう思想がベースになってるかな。時々移動中の狭い車内なんかで、俺の湿った足の裏をピエール瀧の腕にくっつけるとさ、あいつすっごい嫌がるのよ。でもあるとき、「これ、女性にされたら嬉しい？」って質問したら、「嬉しい」って言うの。やっぱり嫌いの中に好きは隠れてるんだよ。

――それはすごい発見。好きと嫌いは表裏一体なんですね。

石野 だから俺は、潔癖症にはスカトロ好きが多いと思ってる。

――せっかくいい話だったのに……(笑)。

石野 しかし変な性癖もっちゃったら人生大変だよ。親と性癖は選べないからね。

いしの・たっきゅう | DJ/プロデューサー、リミキサー。1989年にピエール瀧らと"電気グルーヴ"を結成。1995年には初のソロアルバム『DOVE LOVES DUB』をリリース、この頃から本格的にDJとしての活動もスタートする。1997年からはヨーロッパを中心とした海外での活動も積極的に行い始め、1998年にはベルリンで行われる世界最大のテクノ・フェスティバル"Love Parade"のFinal Gatheringで150万人の前でプレイ。2018年1月にこれまでのソロワークを8枚組にまとめた『Takkyu Ishino Works 1983〜2017』をリリースした。

「オナホを使ったことないやつが人類を滅ぼす」

INTERVIEW 11

ヨッピー

これまで数々のヒット記事を世に産み落としてきたWEBライターのヨッピーさん。おバカなエンタメ記事だけでなく、社会派な記事や自ら体を張った調査記事など、様々な切り口の記事を提供してくれるのも彼の魅力のひとつです。そんなヒットメーカーのヨッピーさんは「エロへの好奇心」が自らを成長させたと語ります。エロへの好奇心なくして、今のヨッピーさんは存在しなかった。一体どういうことなのでしょうか。

エロへの興味が自分を進化させてきた

――はじめまして。今日はエロをテーマにいろいろお聞かせください。よろしくお願いします。

ヨッピー はい、よろしくお願いします。いきなりだけど、オナホ使ったことあります?

――え? オ、オナホですか? そ、そうですね……使ったことありますが……。

ヨッピー そう。なら安心した。エロの取材なのにオナホ使ったことない人がライターだったら荷物まとめて帰ってやろうかなって思ってたから。

――よ、よかった。いきなり踏み絵みたいな話ですね。

ヨッピー オナホを1度も使ったことないやつって、好奇心が死んでるんです。かつてニュートンはリンゴが木から落ちるのを見て、万有引力を発見したわけですよね。今、ニュートンが生きていたら「オナホってどうなんだろう?」って言いながら使ってるはずです。「これって一体どういうことなんだろう?」っていう好奇心が我々人類を進歩させてきたじゃないですか。「オナホを1度使ってみたけれど、なんか違ったから今後は使わない」っていうのならまだわかるし、そもそもエロに対する興味がないっていう人も別です。けど、普段ゴリッゴリにちんちんをしごいてるくせにオナホを1度も使ったことないっていうやつは「進化がない人間」なんです。それは人類にとっていらない存在で——

——あの、もうちょっとマイルドにお願いできますか?

ヨッピー ごめん。要は人間の人間たる所以《ゆえん》って、道具を使っているか否かが肝心じゃないですか。人類は道具を進化させ、扱うことによって自分達も進化してきましたからね。ちんちんを手でしごくなんていう何千年前の文化をいまだに引きずってるなんて、そんなの類人猿じゃないですか。ちなみに君、VRはちゃんと経験済みだね?

——はい。一応VRのアダルト作品も見たことがあります。

ヨッピー なら問題ないか……いや、自分自身を拡張できるVRというアイテムに手を出さない人間なんてね、一度精密検査をしたほうが……。

——そこまでエロに対して厳しいのはどうしてなんですか?

ヨッピー これまでの人生で、エロへの興味が自分自身を成長させてくれたからですかね。

学生時代、友だちが持っていたパソコン用のエロゲーがめちゃくちゃやりたかったんですよ。でも僕はまだパソコンを持ってなくて。そこで親に「これからはコンピューターの時代だよ、家にコンピューターがないと時代に取り残されてしまうよ」って説得して無理やり買ってもらったんです。

――すごい営業力ですね……。たしか当時のパソコンって何十万もしましたよね。

ヨッピー　そうそう。で、パソコンを買ったはいいけど、モザイクやマスキングを排除するためにはいろいろいじらないといけない。そのためにいろいろ勉強しました。今思えば人生で「拡張子」というものを知ったのもエロがきっかけでしたね。お気に入りのエッチな画像を印刷しながら「JPEG画像は画面上では綺麗だけど印刷のときガビるから拡張子変えたほうがいいな……」とか。そんな風にいろんなことをエロがきっかけで覚えていったんですよ。だから、スケベなくせにエロステクノロジーへの興味関心が薄いやつっていうのは進化の歩みを止めてると思ってて。一度精密検査をしたほうが……。

学者と同じ探究心でエロを追求

――エロへの好奇心によって得たものを教えていただけますか？

ヨッピー　いろいろあるけど……。昔、友人たちと沖縄の島とうがらしを罰ゲームで使おうってなったんです。食べるだけだと芸がないから、いろいろ試してみようって。で、僕が自分の乳首に島とうがらしを塗ったんです。すぐに効果が出るかと思いきや全然痛くならなくって、「なんだ、面白くないな」って思ってたら、時間差でめちゃくちゃ痛くなって。急いでシャワーで流して氷で冷やしても全然痛みが治まらないし、パンパンに腫れてもう真っ赤。で、しまいには乳首の感覚もなくなって、「これ神経死んだかも」って。

――それは恐ろしいですね(笑)。

ヨッピー　で、「神経が死んだー！」って焦ってたらその場に居合わせてた女の子が「本当に神経が死んでるの？」って僕の乳首を冗談で触ってきたんですね。ちょんって。それがひざから崩れ落ちるくらい気持ちよかったんですよ。死ぬどころか逆に鋭敏になってたんですね。それを僕、「乳首の向こう側」って名付けたんです。「乳首の向こう側が見えた！」って。

――(笑)。それって山に生えているきのこをはじめて食べる学者と一緒ですね。

ヨッピー　本当にそう。何が毒で何が食べられるかわからないのに食べたくなっちゃうっていう。そういう衝動ってありますよね。ウニを最初に食べたやつとか絶対頭おかしいじゃないですか。でも、そのおか

げで人類は進歩してるんですよきっと。だから僕はいつでも、島とうがらしを乳首に塗る側の人間でいたいなって。

――なんだかいい話っぽく思えてきました(笑)。ヨッピーさんってライターになる前からそんなことをやってきたんですか?

ヨッピー そうなんです。僕は基本的に10代から変わっていない。でも昔から僕のエロや面白いことにかけるエネルギーが過剰みたいで、仲間内から時々浮いちゃって。僕がやりたいことに周りがついてきてくれないんですよ。

――周りとの温度差を感じたエピソードって何かありますか?

ヨッピー 会社員時代、休日出勤したら彼女にフラれたばかりの先輩も出勤していたんですね。なんか可哀想だったから元気づけてあげようと思って、先輩の写真を勝手に合成して、SMの女王様に縛られている写真に加工してポスターにしてあげたんです。「これを街中の電柱に貼りに行きましょうよ。新しい彼女ができるかも」とか言って。そしたら割とウケてくれて、ひとしきり盛り上がったあと「こんなことしてる場合じゃないな」ってお互いの仕事に戻ったんです。そして月曜日に会社に行ったら、なにやら重役たちがその先輩のデスク周りに集まっていて。どうやら例のポスターを見つけた重役たちが「これは悪質ないじめだ」って話し込んでるんです。そのポスターをいやがらせのために作ったんじゃないかと。「休日中の入出記録を調べろ!」みたいなおおごとになってて。で、これはまずいと「僕が遊びでやったんです。陰湿ないじめじゃなくて先輩もゲラゲラ笑ってました」って伝えたら、会社にめちゃくちゃ怒られましたね。ああ、なんか会社員って合わないなって思った覚えがあります。あれだけ笑ったんだから大目に見てよ、って。

――ライターになってからも、国会議事堂の前でのオナニーなど過激な記事を『オモコロ』で書いてましたよね。それって面白いと思えることが研ぎ澄まされていった結果ですか？

ヨッピー　全然研ぎ澄まされてないですよ。もしかしたらコンビニのアイス売り場のケースに入って炎上した男の子たちと同じだったかもしれない。当時のWEBは今と比べていろいろゆるかったから、今やったら確実にアウトだなってものもあるし、僕も年齢を重ねたので。もうさすがにそういったネタをやると悲壮感がすごいので控えめにしてますけどね。ただ、ちんちんを出すのは今でも大好きです。

――そういう過激なことをするのって、どんな気持ちからなんですか？

ヨッピー　規制が嫌なんですよ。ルールがあるせいで、余計に腹が立つことってあるじゃないですか。電車の中で電話するのはやめよう、とか。あのルールがあると電車で電話してる人がいたら「あの人はルール違反だ！」って腹が立っちゃいますけど、そもそも、ああいうルールがなければ別に誰も気にしないと思うんですよね。そんな感じで、なんでいまだにモザイクがあるんだろうとか、ソープランドも国が認めちゃえばいいじゃんとか思うくらいで。仕組みをちゃんと作れば成立すると思うんですけどね。

――エロもそれ以外も好奇心の赴くまま、ヒットメーカーとして記事を量産されてきたヨッピーさんですが、これから目指していきたいところはどこなんですか？

ヨッピー　今考えているのは「組織で動こう」ですね。僕が企画を考えて、それをライターさんに書いてもらう。そうやって面白い記事をもっと世の中に出していきたいなって。最近、僕名義の記事本数自体は減ってるけど、関わってる仕事は格段に増えてきてますね。普段から僕の悪口ばっか言ってるアンチみたいな人が、僕が考えてライターさんに書いてもらった記事見て「最高！」とか言ってると「ざまあｗｗｗｗ」みたいな。やっぱり個人でできることには限界があるので、最近はそうやって組織として動くことが増えてます。

――若きライターたちがヨッピーさんの魂を受け継ぐわけですね。

ヨッピー　そんな大げさなことじゃないけど、世の中に面白いことがどんどん増えていけばいいなって思うだけです。そのためには組織を作るしかないなぁって。

よっぴー｜「インターネットで一番数字を持っているライター」と呼ばれる。関西学院大学を卒業後、大手商社の会社員を7年間勤めるも転勤の辞令をきっかけに退社。以来「オモコロ」をはじめとしたWEB媒体でバズ記事を量産。企業の広告案件や不正に対する追及記事なども書く。

「やれない『やれたかも委員会』と、
やる『AV』には共通点がある」

INTERVIEW 12

吉田貴司

「これはやれた！」「いやいや、やれたとは言えないだろ」――男性なら誰もが持っている「やれたかもしれない」エピソードに、3人の判定員がジャッジを下すWEB漫画『やれたかも委員会』。新作が公開されるたびにネット上で議論が生まれる稀有な作品です。今回はその作者である吉田《よしだ》貴司《たかし》さんにお話を伺いました。吉田さん自身にもある「やれたかもしれない夜」について赤裸々に語ってもらう中で、作品とエロの関係性を紐解いていきます。

なんの特技もないし、モテないし、漫画しかなかった

――吉田さんが漫画を描き始めたのはいつ頃からですか？

吉田　高校のときから絵を描くのは好きで、教科書に人気漫画のパロディを描いて、友だちに貸してウケを狙うみたいなことをよくやっていました。ただ、本格的に漫画家を目指して原稿を描いたりしていたわけではなく、絵は下手だし、プロになりたいとかは誰にも言えずに、やっぱ無理かなーとウジウジしてましたね。高校卒業後は、大学に全部落ちて仕方なくフリーターをしていたんです。21歳を過ぎて周りが就職活動を始めると、ここらで漫画1本描いとかなきゃいけないぞと焦り始めて、はじめて本気で原稿を描きました。

――最初に描いたのはどんな漫画だったんですか？

吉田　トマトが主人公の漫画ですね。トマトが自我に目覚めて、宙に浮いて旅をする内容で。

――え、えっと、どういうことですか？

吉田　トマトが「人生とは……」みたいなことを言いながら旅をするん

です。当時福本伸行先生の『賭博黙示録カイジ』(講談社)を夢中で読んでまして、敵キャラの利根川が「勝たなきゃゴミっ……」みたいなセリフを言うんですけど、なんかそういうのをパクりたくなったんでしょうね。何もできないくせに世の中に説教したい気持ちだけはあるという……。そのトマトの漫画をはじめて持ち込みしたんですが、編集者に「トマトに説教されたくない」と一蹴されて(笑)。

——優秀な編集者さんですね(笑)。

吉田　当時から今の奥さんと付き合ってたんですが、彼女にも「漫画家は諦めろ」と言われて。一度諦めて就職したんですよ、ハンバーグ屋さんに。でもそれも辛くて続かなかったですね。そんなこんなで25歳になった頃には「どうやら俺はポンコツらしいぞ」ということに薄々気づき始めまして。「人生どうしよう……」という感じだったんですが、「何やってもどうせダメなんだから、こうなったらとことん好きなことやろう」と一念発起して漫画家の道を本格的に志したんです。

ネットにアップした『やれたかも委員会』がSNSで話題に

——漫画家への再チャレンジ後、どのようにしてプロになったのでしょうか。

吉田　そこから月に1本漫画を投稿して、26歳のときにはじめて賞をいただいたんです。意外とやろうと決めたら結果って出るものなんですよね。そして上京して、佐藤秀峰さんのところでアシスタントをさせてもらいました。少しは漫画の描き方がマシになりまして、2009年にはじめて連載させてもらったのが『フィンランド・サガ(性)』(講談社)、その何年か後に『シェアバディ』(作画:高良百/小学館)を

連載しました。今描いている『やれたかも委員会』は、実はその『シェアバディ』が始まる前に描きためていた読み切り漫画の中の1本でした。

——ずいぶん前から『やれたかも委員会』は存在していたんですね。アイデアはどのようにして生まれたんですか？

吉田　きっかけは友だちとのたわいもない会話からでした。男同士で「あのときこうしてたらやれたんじゃないか……」なんて話になって「あるある！　誰かに判定してほしいわ〜」って盛り上がったんですよ。そこでこれは漫画のネタになるんじゃないかと思って描いてみたんです。けっこう面白いと思って各所に持ち込みもしてみましたが、編集者にはあまりウケなかったですね……。その後、連載していた『シェアバディ』が終わったタイミングで、また「この先どうしたもんか」と悩んでいて。やることもないので、過去の読み切り作品をネットで公開してみたんです。そこで『やれたかも委員会』がSNSで話題になった。

——それで人気に火がついたわけですね。SNSを見ていると作品に対して「あるある」といった共感の声や「これはやれただろ」というような男性の意見がよく見受けられます。

吉田　きっと読んだ人にも「やれたかもしれない夜」があるということなんでしょうね。他にアップしていた読み切りも自分ではどれも面白いと思っているのですが、その中でもあの漫画が響いたってことはやっぱり共感を呼ぶ部分が大きいんだと思います。

描いていくうちに「俺はなんてバカだったんだ」と思い知る

——吉田さん自身にもやれたかもしれない夜はありましたか？

吉田　お恥ずかしいんですが、僕はすぐ「やれるんじゃないか」と思っちゃうタイプなんです。飲み会終わりに女の子と帰り道が一緒になって、2、3回笑いが取れたらもう「いけるのか!?」とか思ったり。

——けっこう単純なタイプなんですね(笑)。

吉田　どうしようもないですね。読者の方々から寄せられるエピソードを読み、そして実際に漫画を描いていると、今更になって「ああ、女性ってこういうときはこんな考え方するのかな」と、少しずつわかってきた気がします。それと同時に、昔の女性に対する恥ずかしい言動を思い出して「俺はなんてイタいヤツだったんだ」って悶えたりもするんですけど(笑)。

——ベッドでジタバタするやつですね(笑)。

吉田　そうそう、そう言えば昔、合コンで最低なことをしてしまったのを今思い出しました。男女3：3の合コンだったんですけど、その合コンが珍しくすごく盛り上がったんですよ。一体感というか意気投合といいますか、女の子もみんな楽しそうで。飲んだあとみんなでカラオケ行こうってなって、そこでもさらに盛り上がって、すごいグルーヴ感って感じ。

——それはすごくいい雰囲気の合コンですね。

吉田 そうなんですけどね……。で、僕自身けっこう酔っ払ってたっていうのもあるんですけど、なんか合コンという表面的なゲームが急にめんどくさくなってしまったんですよ。

そこで僕は「もうさ、こういう茶番やめ！ おしまーーーーーーーい！」って叫び出して、「誰が誰を好きなのか紙に書こう！」と提案しだしたんです。そしたらもう、そのまま場がピキーンと固まる感じ。音が聞こえるくらいさぁぁっと女の子たちが引いてて。もう、ありえないですよね。最悪の人間ですね。死んだほうがマシです。

——うわ……それは恥ずかしい……。

吉田 まあこれは一番酷い例ですが、『やれたかも委員会』を描いていて、そういう過去の醜態に気づかされることはたくさんあります。

やる前提のAVと『やれたかも委員会』には近い部分がある

——『やれたかも委員会』に出てくる女性って、どこかエロい部分があるなと思うんです。女性キャラを描く上でエロを意識しているところはありますか？

吉田 エロく描こうというのはあまり意識はしてないですが、エロいと言ってもらえるのは嬉しいです。僕はキャラクターをがっちり作るのが苦手なので、この女の子がどんなことが好きなのか、どんな性格なのかっていうのはあえて決めずに描いてるところがあります。そこがもしかしたらエロさに繋がっているのかもしれないですね。作者の僕もその子のことがあまりわからず描いてる。でも考えてみると誰でも女の子と初デートする際はその子のことがわからないわけで。作者がよくわからないまま描くほうがより読者にも「やれたのかどうかわからない感じ」が伝わりやすいんじゃないでしょうか。それに、キャラクターに隙というか想像の余地が残っているから、それが読者の心の中にいる「あの子」に映ったり、自分が経験した恋愛と重なったりするのかなと思います。
そもそも「やれたかも」って、その子のことを深く知ることができていないからこそ起きる状況なんですよね。わかってたらやれてるだろうし(笑)。

――たしかに大前提がそうでしたね（笑）。

吉田　ただ、Tシャツの裏地がちらりと見えたり、ブラウスのボタンが小さかったりするのをエロいな、と思って描きたくなったりはします。なんでこのボタンはこんなに小さいんだ、と思いながら描いてる。『やれたかも委員会』は構成の型がある程度決まってるので、演出の部分で魅せ方を工夫する必要があるんですよね。「女の子のほうから手を繋いできた」という出来事も魅せ方によって印象を変えないといけない。これがけっこう辛いときもありますが、今いろんな表現を身につければ次回作のクオリティーアップに繋がるかもしれないなと考えています。

――そういった魅せ方はどのように思いつくんですか？

吉田　それは今まで見た女の子の仕草とかでしょうね。読んだ漫画とか、観てきた映画から影響を受けているのもあると思います。僕はそこには少なからずAVの影響もあると思っていて。

――そうなんですか？　AVはすでに「やる」前提のものではありますが……。

吉田　AVと『やれたかも委員会』って、意外と近い部分があると思うんです。男の妄想と現実感のバランスが違うだけで。例えばAV女優さんが来てるボディコンみたいな服とかヒモみたいな水着とか、乳首まで見えちゃってるだるだるのセーターとか、ああいうのを着てる人はその辺にいないわけじゃないですか。あれは男の妄想のパーセンテージをぐっと最大限まで引き上げたパターンで、それを現実的に下げていくと、「ちょっとスリットに目が奪われた」とかになって、『やれたかも委員会』になるんじゃないでしょうか。

——なるほど、たしかに構造は一緒ですね。

吉田　AVにはお決まりの企画が何個もあって、そういった点も似ていると思います。ママさんバレーの奥さんが誘惑してくるとか、女子校に赴任した教師がモテるとか。シチュエーションに対して反射的にエロいと思う気持ちが男にはあって、『やれたかも委員会』でもその反射を利用してる部分はあるかもしれません。AVはフィクションだけれど、何もないところからフィクションは生まれないと思うんです。ママさんバレーの企画をはじめに考えた人は、もしかしたら実際にママさんバレーの人と「やれたかもしれない」夜があったのかもしれない。ただ会釈しただけとかかもしれませんけど(笑)。

「あれは負けたんだよ」と現実に引き戻していく物語

——漫画の中で、判定の際に男性二人が「やれた」の札をあげる一方で、女性キャラの月満子さんが「やれたとは言えない」の札をあげるシーンが毎回印象的です。女性ならではの視点にハッとさせられる男性読者も多いと思うんですが、あれはご自身の中から出てくる意見ですか？

吉田　最後の月満子さんはあそこを外したら『やれたかも委員会』の話は成立しなくなっちゃうので重要ですよね。男性読者が「やっぱやれたよなーそうだよなー」で終わっちゃいますから。彼女の言葉は、1回自分で考えてみて、それを奥さんに見せて確認してます。「いや、これはありえない」「女子はこんなこと思わない」って言われたら、また描き直して、また見せて。そんな風に繰り返してできていくことが多いです。

——実際に女性の意見も入っているんですね。なおさら「やれたとは言

えない」ということを思い知らされますね。

吉田　勉強させていただいてます。『やれたかも委員会』は平たく言ってしまうと失敗談なんですよね。「あれは勝てたんじゃないか」っていう男の幻想があって、「いや、あれは負けたんだよ。さっさと次に進んでいこうよ」と現実の引き戻しがある。塾長に至っては「勝てたかもしれない」というところに留まろうとしてますが。そこに彼の狂気を感じるんですけどね。多分どれが欠けても作品としてのリアリティがなくなってしまうんでしょう。

——最後に、今後のビジョンを教えてください。

吉田　『やれたかも委員会』は2016年にSNSでバズって、コミック化、ドラマ化までしていただきました。そのおかげで多くの方に読んでいただきありがたい限りです。これは100%、運です。しかしまあ当たり前ですが、作品としてのピークはどんどん下降していっていると思ってます。寂しい反面、むしろ誰もいなくなってからが勝負だと思っているので、たとえ「つまらない」と言われても、焦らずしつこく続けていくことで、また違うものが生まれていくんじゃないかなって思います。「やれたかもまだやってたのか！　10年だぞ！　いい加減やれよ！」って言われながら、それでもお客さんの本棚やスマホの中に残る漫画が描けたら、それはとても幸せですね。雑誌連載と違って締切も打ち切りもないので、最後まで全力を出し切りたいです。

よしだ・たかし｜2006年『弾けないギターを弾くんだぜ』でデビュー。『フィンランド・サガ(性)』(講談社)、『シェアバディ』(作画：高良百／小学館)などを発表。2016年に『やれたかも委員会』がネットで話題に。AbemaTVとTBSテレビでそれぞれドラマ化され、双葉社から単行本も発売中。

「ふざけているように見えるかもしれないけれど、
真剣にちんこと向き合っている」

INTERVIEW 13

紺野ぶるま

2018年に開催された「R-1グランプリ」にて、ファイナリストとして一躍話題となったお笑い芸人、紺野《こんの》ぶるまさん。モデル顔負けのルックスを持つ彼女ですが、その得意芸は「ちんこ謎かけ」。お題とちんこを様々な角度から分析し、共通点を探し出すという「下ネタでありながら高度で知的な芸」はどう生み出されたのでしょうか。エロとお笑いの関係について聞きました。

失恋を機に自身の枠を飛び越えた20代

——「ちんこ謎かけ」を得意とする紺野ぶるまさんですが、性の目覚めはいつ頃でしたか。

紺野　実はけっこう遅いんですよね……。私、10代の頃はギャルだったんです。雑誌『egg』を聖書のように読んでいるような。だから周りには同じようなギャル友だちが多くて、彼女たちはいろんな男性と遊んでました。でも私自身はどうしてもそうはなれなくて。「付き合ってる人とだけそういう関係になる」というのを頑なに守ってたんですよ。逆に「なんで好きじゃない人とできちゃうの」とずっと疑問に思ってたんです。

——かなりピュアなギャルだったんですね。

紺野　ところが20代半ばで大きな失恋をして、毎日生きるのが本当に辛いとき、見た目が全然タイプじゃないとある男性に出会ったんです。それまでは顔の好みに偏りがあったんですけど、なんていうか……タイミングですよね。「えい！いったれ！」と思って、タイプじゃないその男性とお近づきになったんです。

——それまでの自分の枠を飛び越えていったんですね。

紺野　半分ヤケクソ、半分好奇心ですね。そしたらその後、自然にその人に興味が湧いてしまって。結果内面も外見もすごく好きになったんです。新しい扉が開いちゃったみたいな。抱かれるという行為から始まっただけに、その後こちらもちゃんと彼に好意を抱いたんです。その体験以降、男性の外見をあまり気にしなくなって、ちゃんと内面を見て判断しようと思えたんです。

――今はどういった方に惹かれるんですか？
紺野　シャホですね。

――はい？　シャホ……？
紺野　社保です。社会保険に入ってる人がタイプです。昔は顔がタイプで、俳優の卵が3人続くこともあったんですが、30代からの恋愛は社保です。

――社保というと、割と普通のことなのかなと思ってしまうんですが……。
紺野　いやいや、普通ってものすごくスペックが高いことだなって思うんです。私は絶対に社保に入れないんですよ。毎日決まった時間でちゃんと働くなんてとてもできない人間なので。だから、普段は真面目に働いてるMっぽい人が、実はSだったりする瞬間をみると、グッときますね。

「ブルマ」がエロいものだなんてまったく思わなかった

――ぶるまさんが芸人になったきっかけを教えてください。

紺野　20代前半はほんといろいろあって、人生のどん底だったんです。道端で声をかけてきたモデル事務所にお金を払って所属したのに、そのあと何もなかったり、交通事故や持病で入院したり……。

――踏んだり蹴ったりだったんですね。

紺野　そんなとき病室のテレビを見ていたら、くまだまさしさんとハイキングウォーキングの鈴木Q太郎さんが二人で1枚のブルマを履いて出てたんです。その姿が本当に面白くて、手術後であんまり笑っちゃいけないのに、腹抱えて笑って。「私もこんな大人になりたい！」って思い立って、退院後、松竹の養成所に応募しました。芸人になった当初は実際にブルマを履いて、裾からパンを出して「ハミパンする」というネタをやっていましたね。

――芸名の「ぶるま」はそこから来てたんですね。ただ、ブルマというとどうしてもエロを連想させてしまう言葉だと個人的には思うのですが、そのあたり意識していたんでしょうか？

紺野　いや、それがまったく意識してなかったんですよ。むしろ面白いと思ってて、名前だけでも覚えてもらおうと、この名前になったんです。当時の私は、20代の女子が「ぶるま」という名前で、実際にブルマを履いたらどうなるのかを全然認識してなくて。女を捨てて体張ってるんだから、その芸をみんな受け入れてくれるだろうと思ってました。もちろん男性たちにはエロい目で見られることも多かったです。でも養成所の先生に「今すぐそのネタはやめなさい」と言われたときも、自分が面白いと信じていたので、やめなかったんです。要は全然客観視できてなかったんですよね。R-1グランプリで3年連続1回戦で落ちたときにようやく、「このブルマを履いたネタじゃダメなんだ」と気づきました。

頭に思い浮かぶのは「ちんこ」だけだった

——今の「ちんこ謎かけ」に至ったのはどういう経緯だったんですか？

紺野　芸人としての行き詰まりを感じていたとき、ねづっちさんが謎かけライブに出演しないかと誘ってくれたんです。そのライブには1分半の間に何個謎かけできるかを一人ひとり競うコーナーがあって。私は謎かけ自体がはじめてだったので、とても緊張していたんですね。そして私の番になって、「ハンガー」というお題が出たんです。そこでもう頭が真っ白になっちゃって。思い浮かんだのが「ちんこ」だけだったんです。

——(笑)。ちんこへの葛藤があったんですね。

紺野　でも、ここでパスして場をしらけさせるわけにはいかないと思い、思い切って言ったんです。「“ハンガー”とかけまして、“ちんこ”と解きます。その心はどちらも“かけるもの”でしょう」これがものすごい盛り上がって、「ちんこ！　ちんこ！」ってコールまで起きたんですよ。ちんこだけにスタンディングオベーションみたいな。残り時間はすべてちんこで解いて優勝しました。

——そこからぶるまさんの「ちんこ」人生が始まったんですね。

紺野　でも私が所属している松竹は割と堅めの芸能事務所なので、「ちんこ」なんてネタで言ったらもう射殺されるレベルだったんですよ。私自身も、下ネタだけで笑いを取るのはナンセンスだと思っていたタイプで。

――それはどうしてですか？

紺野　女性の芸人はどうしても下ネタに手を出しがちなところがあるんです。ネタ見せするライブハウスのお客さんは男性が多いから、下ネタはまあまあ受けるんですよ。ただその内輪感の中で、「自分は面白いことをしてるんだ」「これが自分の芸だ」と思ってしまうのは嫌で。だから、ちんこ謎かけはイベントだけで消化される芸だと決めていたんです。

――しかし現在では表立ってちんこ謎かけをしているのはなぜですか？

紺野　ねづっちさんや伊集院光さんといった大先輩が、テレビやラジオで紹介してくださったのがきっかけですね。それだけ実績のある先輩のお墨付きがあると、事務所の方もすごい速さで寝返ってきて、「すごいねー」とか言うんですよ（笑）。そこからテレビにもちょっとずつ出られるようになっていって、ちんこ1本で飯が食えるようになりましたね。今はちんこにおんぶにだっこの状態です。

「ちんこ謎かけ」は様々な角度からちんこの要素を分解する作業

――さきほど、女性の芸人が安直に下ネタで笑いをとることがナンセンスという話がありましたが、下ネタを使うにあたって、ぶるまさんなりのルールはありますか。

紺野　コミカルであること。でも真剣にやること。この二つだと思います。要は表現の問題で、性に関してはリアリティとかいやらしさがあるとウケないと思うんです。例えば経験人数が何人か聞かれたときに、「○人」とリアルに答えてもまったく面白くないじゃないですか。でもそこで「○本」という表現を使うことで、ちょっとコミカルになる。「ちんちん」や「あそこ」というワードもやはりいやらしくなってしまうので、必ず「ちんこ」と言うように心がけています。

——あえていやらしさを排除しているんですね。

紺野　あと、汁系と女性器はどう頑張っても笑えないですね。実際親からも「ちんこはいいけど、女性器で解いたら殺す」とまで言われてますし(笑)。それを意識した上で、謎かけとしてちゃんと成立させるということを徹底しています。ふざけてるように見えて、真剣にちんこと向き合ってるんですよ。

——なるほど。具体的に謎かけをしてるときは、頭の中でどう思考しているんですか？

紺野　お題とちんこの要素を分解して、共通点を探すんです。基本は同音異義語を探して、それが見つからなかったら別の角度から探してみる、という過程ですね。例えば「ビール」というお題だったら、「グラス」はちんこの要素の中からは見つからないから捨てて、「生」とか「ビン・缶(敏感)」とか。

——すごい速さです。男性よりもちんこのことを知ってるんじゃないかと思うんですが……。

紺野　それはあるかもしれません。やはり客観視できないと要素が見つからないんですね。だから、実はちんこ謎かけは女性のほうが得意だと思います。逆に言うと男性はおっぱい謎かけができるはずなんですよね。

——なるほど。謎かけをする中で、解きにくいお題というのはあるんですか？

紺野　そうですね、エロと近いお題は解きにくいです。ナスとかウインナーとか「すでにちんこじゃん」ってお題は近すぎてダメなんですよ。だから、お題によってはまったく解けないときもあるんです。そのときが一番切ない瞬間で、ただの下品な女になるしかないんです。

――最後に「インタビュー」というお題で解いていただいてもよろしいでしょうか。

紺野　芽吹きました！ インタビューとかけまして、ちんこと解きます。その心はどちらも「裏側を攻める」でしょう！

こんの・ぷるま ｜ 1986年生まれ。松竹芸能所属のお笑い芸人。「ちんこ謎かけ」という、すべてのお題を“ちんこ”で解く謎かけを得意とし、先輩の芸人から注目される。自身の経験を活かしたネタで、2018年度『R-1グランプリ』ではファイナリストになり一躍話題に。テレビやラジオ等で絶賛活躍中。

「自分の中のおっさんを研ぎ澄ませないと
グラビアアイドルは務まらない」

INTERVIEW 14

倉持由香

“尻職人”の異名を持ち、数多のメディアで活躍するトップグラビアアイドル・倉持由香《くらもちゆか》さん。男性たちの欲望に尻で応えるお仕事をされている倉持さんですが、どのような経緯でグラビアアイドルになったのでしょうか。女体への愛や、エロの活かし方、そしてハングリーな生き様をお聞きしました。男子諸君を惑わす尻職人、「TISSUE BOX」に堂々降臨！

女体にハマった幼少期

——グラビアの仕事を始める前、倉持さんはどんな女の子だったんですか？

倉持　女体に興奮する子でしたね。

——にょ、女体ですか？ すみません、スタートからちょっとわからないです（笑）。

倉持　物心つく前から、女体が好きだったんですよ。たとえば、『セーラームーン』とか『キューティーハニー』の変身シーンって、服がパッて消えてヌードになるのがお決まりなんですね。あのシーンがなんだかずっと目に焼き付いてしまって。何度も一時停止してガン見していました。

——幼な心に女体に興奮を覚えたんですね？

倉持　はい。当時は“エロい”という言葉を知らなかったと思うんですけど、そういう女性の裸シーンに釘付けになってしまって。確実に性に目覚めたのは、9歳上の兄の部屋にあった少年漫画『BOYS BE…』（講談社）や『I”s』（集英社）の影響です。しかも、男性のキャラに興奮するのではなく、女性キャラのパンチラやおっぱいに興奮してしまうという……。これって男の子的な目覚め方ですよね。

――そうですね……たしかに僕ら男子はそんな感じでエッチな漫画を読んでました。しかし性の対象は男性キャラではなかったんですね。

倉持 特別男性の体に興奮はしないんですよ。むしろ興奮するのは決まって女性の体。漫画からリアルの女体に興味を持ち始めたのは、兄が買っていた『週刊少年マガジン』のグラビアを見て「ほう……生身の女性も良いではないか」って思ったのがきっかけですね。

心の中に飼っているおっさんを満足させる

――ご自身のグラビアデビューも14歳とかなり早いスタートですよね。

倉持 そうですね。きっかけがマガジンなので、水着のグラビアで雑誌の表紙になることに憧れていたんです。昔所属していた事務所に見本誌としてお菓子系雑誌(ロリ系)の『クリーム』が置いてあったんですけど、それをずっと読み込んでました。女の子のブルマ姿やスク水姿、セーラー服姿を見て「エロい!」と思って。まあ自分も同じくらいの歳なんですけど(笑)。当時は仲村みうちゃんや木嶋のりこ(現・小原徳子)ちゃん、水沢友香ちゃんとが好きでしたね。似顔絵コーナーもないのに、勝手に編集部に似顔絵を送りつけていました。「この思い、木嶋のりこちゃんに届け!」って。

――行動が重度なファンですね……。

倉持 今考えると完全にヤバいやつですよね(笑)。特に14歳の女の子が好きでしたが、とにかく17歳までの第二次性徴期の女の子が大好きで。未成熟な感じがたまらなかったんです。胸も膨らみかけでくびれもまだそんなにない、女の子と女性の狭間の期間。そんな刹那を切り取るのがお菓子系グラビアの良さなんですよ。

——でも自分自身もその渦中の年齢だったんですよね。自分自身がエロい目線で見られることに抵抗はなかったんですか。

倉持　全然。何よりグラビア雑誌が大好きだったので。「リブのレオタードは寝っ転がるとボディラインが強調されるな……見開きページとの相性がいいな……」って感じで雑誌から常に学んでいました。それに私の頭の中にある「理想のグラビア」を追求するなら、自分がグラビアアイドルになっちゃうのが一番手っ取り早いと思ったんですよ。

——自分自身がグラビアのファンで、しかも裏方的な視点もあるから、それが可能だと思ったんですね。しかし男性的な目線を意識するのは女性

としてはなかなか難しいのでは?

倉持 中学生時代から水着の撮影会をやっていたんですが、その際も「スク水にワイシャツを羽織ったらエロいのか?」など、常に自分の心の中に飼っている“おっさん”に聞いていました。

——倉持さんは心の中におっさんを飼ってるんですか(笑)?

倉持 はい。このおっさんをどう満足させてあげられるかが大事なんですよ(笑)。撮影会の際、ファンの方に撮影してもらった写真は毎回USBでデータを全部貰うようにしていて。セレクトしてもらったものだけでなく、半目になってしまったりしてるものもひっくるめて全部。それを自分でセレクトしてレタッチするんです。その際も心の中に飼っているおじさんに自問自答して、彼をいかに満足させられるかを考えながら行うんです。

私のおしりは武器になる! 尻職人としての目覚め

——倉持さんは尻職人と呼ばれる以前からブログを活用していましたね。

倉持 そうですね。ブログに載せる写真も、デジタル写真集と変わらないようなクオリティのものを発信しようと心がけていました。自分で脱衣していく展開の構成を考えて、1回の撮影会で撮った30枚の写真をどういう視点でセレクトしようか、と毎回悩んでました。セレクトしていく中で「自分ってこういう表情がいいのか」とか、ブログへのアクセス数を確認しながら「自分は好みじゃない表情やポーズだけれど、実は読者側はこういったものを求めているんだな」と理解したり。

――マーケティング的な視点はブログを運営する中で養っていたんですね……。そこから“尻職人”と呼ばれるまではどんな苦労があったのでしょうか。

倉持　7年前、以前の事務所から現在の事務所に移籍したときは、グループアイドルさんが全盛の時代で。純粋なグラドルは絶滅危惧種になってしまってたんですよ。そこで「この状況でも、雑誌の表紙を飾っている子がいる事務所にしよう」と考えて、ヤンマガなどで活躍していた佐山彩香ちゃんの所属している今の事務所に入ることにしたんです。でも所属したからといってすぐに雑誌の表紙に選ばれるはずもなく、最初の1年間はほぼ撮影会だけで過ごす日々でしたね。月給5万くらいかな？ もちろん一人暮らしなんてできなかったので、同じ事務所の吉田早希ちゃんの家に居候したり、ネットカフェで生活してました。
そんな状況の中、どうやったらメディアのお仕事ができるかをひたすら考えてたんです。まずキャスティングに名前が挙がるくらい自分で知名度を上げなくてはいけないんじゃないかと思って。知名度を上げるなら、SNSやブログを有効活用するしかないなと。そこで、自ら“尻職人”を名乗ってお尻の自画撮りをSNSに載せ始めたんです。

――おお……生き残りを掛けた必死の戦略だったんですね。

倉持　前の事務所にいた頃は、「下半身デブだから痩せろ」と言われ続けていたんですが、移籍してからよく撮ってもらっていたカメラマンさんに「もっちーはその大きなお尻を活かしたほうがいいよ、活かさなかったらただのムダ尻だよ」って言われて（笑）。それからお尻をアピールするようになりました。

――ムダ尻……(笑)。でも心強いアドバイスですね。

倉持　その頃ちょうど99人の女の子の中から6人の「日テレジェニック」を決定するオーディション番組に参加していて。その99人の女の子たちのつぶやきが公式サイトのサイドバーに流れる仕様になっていたんですが、そこを私の尻で埋め尽くそうと思って尻画像を5分に1回載せ続けたんです。そうしたら3千人くらいだったフォロワー数が1ヶ月で1万人にまで増えたんですよ。当時のマネージャーさんからは「安売りするようなことをするとDVDが売れなくなる」って止められたんですが「グラドルに興味を持つ層の人たちのパイが小さくなってる

状況だから、まずはティッシュ配りの要領で知名度を上げていかないと」と無視して続けて(笑)。結果、DVDがAmazonランキングで1位を獲得するようになったのでこのやり方は間違っていなかったなと思いました。

——そして「週刊プレイボーイ」の表紙を獲得するまでに。

倉持　はい。結果的には『週刊プレイボーイ』に何度も出させていただき、昨年には念願だった表紙を飾ることができました。事務所の台所の床で寝泊まりしたり、お金がなくて乾燥ワカメしか食べられない時期もありましたが、「絶対に売れてみせる！ バカにしてた人たちを見返してやる！」とハングリー精神を磨いて、必死に続けてきてよかったと本当に思います。

追い求めるのはファンタジーとしてのエロ

——グラビアをやる上で倉持さんが参考にしているものはありますか？

倉持　それはエロ漫画ですね。グラビア不遇の時代に、どんどん生地を薄く小さくしなきゃいけないような流れになってしまったんです。でも肌の露出度で勝負したら、結局はヌードやアダルト作品には勝てないじゃないですか。グラビアはそうじゃないところで勝負しないといけない。そこで参考にしたのが、エロ漫画でした。あの妄想の詰まったシチュエーションや、体のハイライト、エロ漫画特有の誇張表現をグラビアで再現したいなって思ったんです。だからグラビア撮影のときはよくオイルを使って肌をテカらせるんですよ。そういった表現や技術はエロ漫画を参考にしています。

――AVを参考にすることはあるんですか？

倉持　AVはあんまり見ないんですけど、セクシー女優さんのグラビアを見るのは好きですね。だからけっこう詳しいですよ。あとは他のグラドルの子のDVDを参考にしてました。毎日Amazonランキングをチェックして、どんなジャケットや衣装が人気なのかを調べて。自分がDVDを出していた頃は、特にレビューを読んでましたね。生々しい話になっちゃうんですけど、『3チャプ目の下乳を見せながらバランスボールで揺れる25:13でドピュッ』とか、レビューおじさんの細かい絶頂ポイントが書かれてて（笑）。そういったレビューを読みながら「おっ、なるほど！ そこがポイントなのか」と考察してました。グラビアはやっぱり男性を興奮させてナンボだと思うので。女性受けするおしゃれなグラビアももちろん楽しいんですが、基本の軸はブレたくないですね。

――な、なんだかエロ話しているときだけ急にオタク感が出ますね。

倉持　すみません、女体オタクで（笑）。でも、日々自分の中のおっさんを研ぎ澄ませないとグラドルは務まらないと思います。グラビアはファンタジーなんですよ。私、ほとんど学校に通ってない引きこもり陰キャだったので、リアルでろくな恋愛経験をしてこなかったんです。もし私が経験豊富な女の子だったら、「実際にはこんなシチュエーションなんてありえないでしょ（笑）」って変に冷めてしまって、リアルな女性としての主張が出てきちゃいそうなんですよね。どこまでもファンタジーとしてのエロを追い求めていきたいです。

――これから倉持由香さんはどんな活動をされていくのでしょう？

倉持　私にとってグラビアは女優やタレントになるための“手段”じゃ

なくて芸能界での“目的”なんです。だから正直、目的は達成してしまったんですよね。「理想のグラビアを表現する」と決めてここまでやってきて、写真集も3冊出せて、私の夢であった週プレの表紙もファンの皆さんのおかげで達成できたので。これからは少しずつ裏方寄りになっていくのかな。これからもどういう形であれグラビア産業には関わっていたいと思います。グラビアに生きて、グラビアに死にたい。もし死んだら、遺影は表紙の週プレにしてほしいですね。お尻丸出しだから、両親は嫌がるかもしれないけど(笑)。でも、これが私の生き様ですからね。

くらもち・ゆか ｜ 1991年生まれ。100cmヒップの尻職人として活動。テレビ・グラビアなど多岐にわたり活躍中。

「表情のない女の子に見る“抜くエロ”と
その先の“懐の深さ”」

INTERVIEW 15

白根ゆたんぽ

雑誌の表紙やCDジャケット、企業広告など媒体問わず数々のイラストを世に出してきたイラストレーターの白根《しらね》ゆたんぽさん。最近ではちょっとエッチな女の子をモチーフにしたイラストが人気となり、男性のみならず、女性からも熱い支持を得ています。そんなゆたんぽさんいわく、自身の作品が含む「エロ」は抜くだけではなく、様々な要素で成り立つ「豊かな場所」なんだといいます。エロには一体どんな世界が広がっているのか、お話を伺いました。

細かいディテールを描くことだけがエロじゃない

——女の子をモチーフに“ちょっとエロい”イラストを描いているゆたんぽさんですが、そのきっかけは?

白根　きっかけは2011年に、知人のデザイナーさんに声をかけられて、数名で作ったコミック冊子ですね。それまでもビキニの絵やファッションイラスト風の女の子をパロディー的に描くこともあったんですが、いい機会なので、コミックに合わせて軽いタッチで描いてみようと思ったんです。それが自分でもいいなと思い、その後も単体で女性を描いてSNSなどで発表するようになりました。漫画のストーリーは、ヒーローの役目を終えた主人公が家に帰ると、ビキニの女の子がベッドの上でビールを持って待っていてくれる。でもそれは実は……みたいな内容で。

——ゆたんぽさんの女の子のイラストをみると、描いているものはエロなのに、とてもポップな印象を受けます。このイラストに行き着いたのにはどんな経緯があったのでしょうか?

白根　僕はエロの中でも、軽いものや明るいものが好きな傾向があって、周りの人とチャンネルが違うかもしれないと思っていたんです。例えば、男友だちと「自分が好きなエロ」について話をすると、どうしても具体的な表現が出てきてしまうんですよ。「肋骨が出るのがいい」「綿素材のパンツがエロくて好き」とか。

――そうですね(笑)。たしかに僕ら男子のエロ話はやたら具体的になりますね。

白根 僕はそのエロのポイントにあまりのれないんですよね。エロ表現って「ディテールが細かく、情報量が多いほどいやらしい」って方向もあるんですが、僕は他にもエロの表現の仕方があるんじゃないかと思ってて。例えばイラストのパンツのシワって、描き込めば描き込むほどいやらしさは出るんだけど重い印象にもなっちゃうんですよ。でも、さらっとしたままいやらしい感じもあるよなって。そんな感じをわかってもらいたいと思って始めたところはありますね。

なので女の子を描くときには、線をできるだけ減らして軽く見せるようにしたり。「この線があるないでどうなるか」「この線は本当に必要な線なのか」そんなことを考えて描くこともよくあります。音にも明るい印象と重い印象があるじゃないですか。それに似たものが絵の線にもあると思うんです。一本一本、気持ちのいい線を描いて、それらが集合してひとつの絵になればいいなって。

――新しいエロのかたちを模索してきたんですね。

白根 エロってこういう面もあるよなというものを、自分なりに出していければいいなと思ってます。自分のイラストのポイントを「ポップ&フレッシュ」と言うことがあるんですけど、見た人がすぐに理解できるわかりやすさと「こんなの見たことない」という新鮮さがあるのが理想ですね。

――ゆたんぽさんの描く女の子にはみんな、「体は生っぽいのに表情は記号的」という不思議な魅力があります。その表現に至った理由は？

白根　そうですね、無表情が多いのにはいくつか理由があるんですが……人に聞かれたときにはこの女の子たちはあくまでファンタジーで、「なんでもいうことを聞いてくれる女の子たち」と説明しています。

――なんでもいうことを聞いてくれる女の子……ゆたんぽさんの個人的な願望ですか？

白根　いや、「実際そんなのいるわけないじゃん」と言われそうな話というのはわかるんだけれど、でも一人くらいそういう都合のいい女の子を描くイラストレーターがいてもいいんじゃないかって（笑）。そんな言い訳をしつつ女の子を描いています。あと顔を入り口にしすぎ

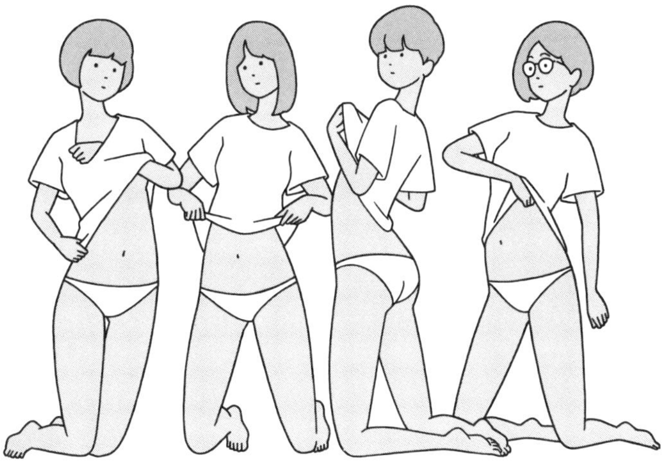

©YUTANPO Shirane

ないための手段ですかね。顔って絵の中でもかなり重要な役割をもっているんです。最初に見てしまう部分というか。エロ漫画で顔がアニメ顔なのに、体が肉感的でリアルなものってありますよね。あれは顔という入り口が軽いぶん、気軽にヘビーなエロを楽しめる技術だと思うんです。顔までリアルだと生々しすぎて構えちゃうと思うんですよね。僕が顔を無機質に描いているのもそれに近くて、女の子の体のエロさを見やすくするというか。それと同時に「この子はどんな子なんだろう」という、見る側が想像して絵を楽しんでくれるという面もあるみたいです。

自身の作品と春画に感じる「共通点」

――お話を聞いていると、ゆたんぽさんの作り出す「エロ」は「抜くエロ」

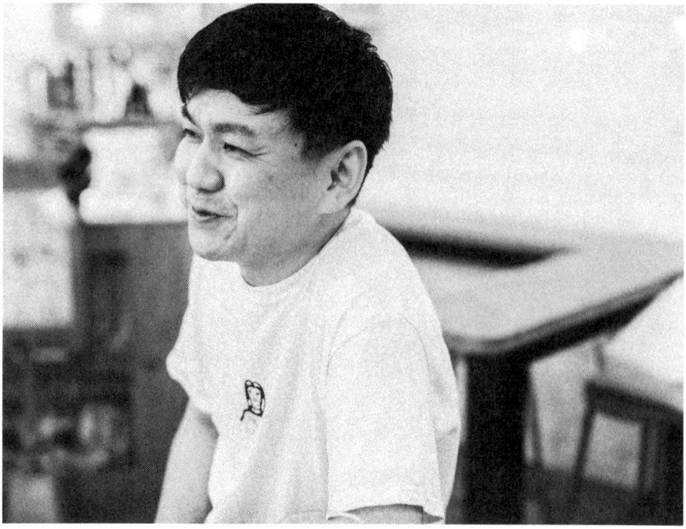

とは別の場所にあるものなんですね。

白根　もちろん僕の絵で抜いてくれれば嬉しいんですが、絵の業界で「抜くエロ」は同人誌などですでに実用的なものがありますし、実用性とまた違うエロさじゃないですかね。例えば江戸時代に楽しまれていた「春画」も、本当に江戸の庶民は春画で抜くだけの目的でみてたのかな？　って思うんですよ。聞いた話ですが、春画で器を包んで緩衝材として使っていたり、障子に空いた穴を春画でふさいでいたりしていたそうなんです。たぶん、当時の人々にしてみれば実用的なエロ目的だけじゃなく、面白い印刷物のようなポップな側面があったと思うんですよね。僕のイラストもどちらかというとそこに近い気がしています。

——ゆたんぽさんのイラストには女性のファンが多い印象ですが、女性に好まれるエロってどのようなものだと思いますか？

白根　女性がどういうエロが好きなのかは、男なので僕自身もわからないんですよ。全体のトーンが軽いから受け入れられているっていうのはあるかもしれないですね。展示会も女性のお客さんがだんだん増えてきて、股間をお団子で隠した女の子のステッカーなんかも好評で。その際に彼女たちの感想を聞く機会もあるんですけど、ちょっとハードなものなのに、「かわいい！」と言われることがあって、「そうなのか」みたいな。面白がってもらえてるようでひと安心というか。会場で感想を聞くことも増えたので、絵の参考にすることもありますね。

Kindleのライブラリは一面肌色

――現在の表現に至るまでに、ゆたんぽさんが影響を受けたエロコンテンツはありますか。

白根　僕の世代って、世の中のエロの移り変わりをちょうど見てきたと思うんです。中学生のときはエロ本で、高校生くらいからAVが普及し始めて、ブラウン管でVHS、液晶モニターでDVD、ネット配信、そしてVR。エロの進歩と一緒に歩んできたんです。そういう中で興味を惹かれたものは、入り口はエロでも、ちょっと変なことになってるもの。例えば、30代の頃に、カンパニー松尾さんの地方もののAVをよく見ていたんです。エロ目的でいろんな地方に出かけるんですけど、道中、カレーを撮ったり街の風景を撮ったり、それにかぶせて男性ミュージシャンの歌が流れたり。AVの中にエロだけじゃない、いろんな要素が入っているのが面白くて、エロの先にかっこよさがあったり、悲しみとかが笑いがあったりするのっていいなーと思ってハマりましたね。

――たしかに、カンパニー松尾さんの作品がお好きなクリエイターさんはたくさんいらっしゃいますね。今面白みを感じるエロ作品には、どんなものがありますか？

白根　僕は昔からエロ本やエロ雑誌が好きなので、ワニマガジン社の『快楽天』などの成年コミックは、マメにチェックしますね。エロ雑誌ってほとんどがDVD付きの薄い本に変わっちゃっていて、ちょっと寂しいんですが、成年コミック誌のモノクロページのコラムコーナーとかを読むと、昔のエロ本にあった空気感が感じられて、ほっこりするんですよね。グラビア写真集もよく見ます。いつもKindleで買うようにしているのですが、購入一覧は他人には見せられないですね（笑）。一面肌色のライブラリです。

壁にかかっている絵を見れば、どのホテルかわかる

——AV作品はどう楽しんでいますか？

白根 作品内の空間を見るのが面白くて好きで。

——作品内の空間……とは？

白根 僕、ホテルの部屋を使ったAV作品が好きなんです。まず、ホテルの部屋っていう空間にエロを感じるんです。たぶん、脳が「ホテルの部屋＝いやらしい場所」として認識しているんでしょうね。「あのレーベルってアレ系のラブホをよく使うよな」「あそこのシティホテルもよく出てくるな」って感じで見ちゃいます。壁にかかっている絵を見れば、どのホテルかわかるときも（笑）。こうやって話していると、やっぱり僕にとってのエロは「抜き」だけではなくて、その周辺も含めて楽しめる「豊かな場所」なんだなと実感しますね。とても懐が深い世界というか。僕はその世界が好きで、絵を描いているんだなと思います。

しらね・ゆたんぽ ｜ イラストレーター。1968年埼玉県深谷市生まれ。桑沢デザイン研究所グラフィック研究科卒業後フリーのイラストレーターとなる。雑誌の表紙やCDジャケット、企業広告など媒体問わず、数々のイラストを手がける。近年ではちょっとエッチな女の子をモチーフにしたイラストが人気となり、男性のみならず、女性からも熱い支持を得ている。

「人間である以上、エロの前では皆平等」

INTERVIEW 16

佐伯ポインティ

クラウドファンディングで500万円を超える資金を集め、自由にエロを語れる場所『猥談バー』を実現させたのは、自らを「エロデューサー」と名乗り活動する佐伯《さえき》ポインティさん。エロが忌避《きひ》されてしまっている現状に対して、エロの世界をもっと面白くしていきたいと彼は語ってくれました。

エロの領域には、コンテンツ化されていないものがいっぱいある

――まずエロデューサーとはどんな職業なのか教えてください。

佐伯　端的にいうと、既存のエロ料理とは違うエロ料理を作るのがエロデューサーです。

――……もう少し説明していただけますか？

佐伯　AVやエロ漫画、官能小説ってどうしても男性メインに作られていて、女性向けAVやレディコミも、女性メインに作られている。エロいコンテンツを楽しみたいと思ったときに、実は選択肢はけっこう少ないんです。それって、お腹すいたなってなったときにメニューにラーメンとケーキしかない、みたいな感じだなって。現実のエロには、刺身とかパスタとかスープとかいろいろあるのに、既存のアダルト業界には、どれも似たような濃いラーメンや甘いケーキばかりが商品になっている。そんな既存のエロコンテンツとは違うものを作るのがエロデューサーですね。現実や人の脳の中にはあるのにコンテンツ化されていないものってエロの領域にはいっぱいあって、それをまとめてやる、エロスの総合商社みたいなかたちでやりたいなと思い、編集系の会社から独立しました。

——様々なジャンルのコンテンツがある中、なぜエロに特化してやろうと思ったんでしょうか？

佐伯　編集者をやっていたとき、「もし自分の会社を作るってなったらどんなことしようかって」考えてたんですね。すると「こういうエロコンテンツがあったらいいのに！」っていうアイデアだけはすごい数が出てきたんです。たぶん知らず知らずのうちに溜まってたんだなって（笑）。きっと世の中の誰もやってくれなさそうだから、それじゃあ自分がやるか、みたいな。

もともと日本人は世界でも有数のどエロい国民である

——もともとポインティさんはエロというものが好きなんですか？

佐伯　エロいことも、エロいコンテンツも、大好きです！　あと、そもそも僕はいろんな人にエロい話聞くのが好きなんです！　でも今みたいにエロデューサーって名乗っていなかったときは、聞けるタイミングはすごく限られていたんです。仲のいい人とかオープンな人、あとはエロい関係になった人は教えてくれるんですが、普通に知り合った人はさすがに自分の性癖や経験なんて話してくれない。でも「僕はエロデューサーといって、こういうことやってます」って自己紹介すると、はじめましての人でも「あの、ポインティさんだけにちょっと話していいですか」みたいな感じで出会って5分ぐらいの人が性癖の話をしてくれるんですよ。

——出会って5分で性癖の話はすごいですね（笑）。

佐伯　特殊な性癖なんかだと、むしろ仲のいい友人や家族には言いづらいですよね。でも、僕にとってはユニークな性体験や、性癖の話はすごく面白い。だから普段言えない話を話してくれるのってすごく嬉しいんです。それに性癖の話ってすぐに打ち解けられるし、独立してからのこの1年間で仲良くなった人はすごく多いです。

――日本人ってそういった性の話に対してはどうしてもオープンじゃないと思うんですが。

佐伯　いや、僕はもともと日本人って世界でも有数のどエロい国民だと思っているんです。江戸時代の日本に視察に来た外国人によれば「日本の町娘が自分たちにアソコを見せびらかしてきてどん引いた」みたいな記録も残っていて。

――どん引かれてるんですね(笑)。

佐伯　そもそも昔の田舎の村には、今でいうセックスピーポーみたいなアゲな人が多かったそうです。いろんな村人同士でセックスし合って、女性たちは田植えしてるときに「あいつのプレイ上手かったよ」「マジで!　試してみたいわ」とかみんなで話をして、祭りの際には村中のみんなで乱交してた、みたいな文献があったりして。そもそもアッパーで豪快すぎる国民性なのに、戦後に海外から宗教や文化が入ってきて、日本人は表面上、貞淑になっていったんです。衣服にもその名残があると思っていて、着物ってすぐ下半身丸出しにできるじゃないですか。あれって絶対ヤりやすかったはずなんですよ。せっかく青姦しやすかったのにパンツとか洋服が海外から入ってきて、ヤりづらくなっちゃった。

――そういった日本人のバックボーンを理解した上で、人のエロ話を聞くといろいろ思うところあるでしょうね。

佐伯　エロは楽しむもの、という考え方をする人は少ないですよね。25歳の女の子の友だちが「ヤりたかった職場の先輩とついにヤれた！」みたいな話を同い歳ぐらいの女子に話すと「え〜大丈夫？ 自分の身体もっと大事にしな？ 都合いい女って思われちゃうよ」みたいに言われたらしいんですけど、「いやいやこっちがヤりたくてヤってんだよ！」ってなりますよね（笑）。

等々力渓谷で感じた「この子遠隔操作されてたんだよなー」

——ポインティさん自身の性癖が生まれるきっかけになった話ってありますか？

佐伯　僕がまだ童貞だった高校生の頃、当時付き合ってた同い歳の彼女が経験豊富な子だったんです。元カレが大学生で、その大学生がかなりスケベだったらしくて。で、付き合う前にその子からこれまでどんな経験してきたのか聞いてたんですよ。目隠しプレイとか手錠プレイ、ローションプレイとかはまあ童貞の僕でもそういったプレイがあることは知ってたのでよかったんですけど、なんか遠隔操作のローターを彼の誕生日に割り勘で買わされたとか言ってて。

——すごい誕生日プレゼントですね（笑）。

佐伯　その子、ぱっと見は落ち着いてる普通の女の子なんですよ。遠隔操作のローターなんて絶対仕込んでなさそうな。それを知ったときに「人って知らないところでいろいろしてんだな〜」ってビックリしつつ感動しました。

——元カレとのそんな話を聞いたら嫉妬してしまうと思うんですが。

佐伯　僕が童貞だったからなのか、なんかラオウみたいな気持ちに切り替えて。「たとえそんなプレイをしたお前でも、今は私の横にいるから愛そう……」みたいな謎の気持ち。でも彼女と等々力渓谷とかお台場みたいな素敵なデートスポットに行っても「そういえばこの子、遠隔操作されてたんだよなー」みたいなしこりがどうしても残っちゃって……(笑)。ただ、僕が「寝取られモノ」が好きな原因はたぶんそれなんじゃないかと。

——ポインティさん寝取られモノが好きなんですか?

佐伯　めっちゃ好きですよ！　自覚したのは大学生になって実際に寝取られてからなんですけどね。取材でいろんな人の性癖をよく聞いてるんですけど、ショッキングなことが起きたあと、何年かしてから改めて似た経験をした際に、性癖として目覚めるって言うケースはけっ

こうあるんですよ。これはいろんな人から何回も聞きましたね。

性癖が生まれる「報酬系」と呼ばれる脳の仕組み

――性癖って生まれながらのものではないんですね。

佐伯 以前脳科学者の方に聞いたんですが、性癖って生まれながらのものではなく、基本的には後天的なものなんだそうです。脳には何らかの刺激に対し快感を生み出す「報酬系」と呼ばれるシステムがあるんですが、例えば性癖以外にも、バーゲンの行列に並ぶのが楽しいとか、パチンコが楽しいとか、わかりやすくアルコールやドラッグ、そして祈りにいたるまで、人によって報酬系が分かれているんです。

――いわゆる「ドーパミンが出る」ってやつですか。

佐伯 そうです。で、とある体験や刺激をきっかけにドーパミンを得て、それを繰り返していくと、「こういう活動をするとドーパミンが出てくる」と脳が学習して、「性癖」という報酬系が脳内に形成されるんです。僕がいつもインタビューで皆さんに聞くのは、どういった経験がきっかけでその報酬系が形成され、今はどのようにして報酬を満たしているのかってことですね。その根源を聞いていくときに面白いのが、その性癖がマイナーな人ほど自分の根源となったきっかけをすごく理解している点ですね。きっと幼少期から「何かこのこと言えないな」「自分はみんなと違うのかな」って感じていたからだと思うんです。

――報酬系が形成されるきっかけで多いのは?

佐伯 人によっての違いがあるんですが、ざっくりと超ポップな傾向で言えば、体を酷使する部活にいた人はやっぱり肉体的にマゾヒズムが強いですかね。いわゆるMになりやすい。試合（結果）という快楽があるまでずっと肉体的に過酷な試練を耐えてきたわけですから。あとは、めっちゃ厳格な家庭で育った人なんかは精神的なMになりやすい。「叱られる」「褒められる」っていう他人からの承認で気持ちよくなる回路ができやすいので。あと面白いのは、日本ならではだと思うんですけど、子どもの頃に触れたコンテンツによる影響がすごく大きいと思います。

――それはゲームやアニメとか？

佐伯　某美少女戦士アニメやエロ同人コンテンツは顕著ですね。美少女戦士は表現として血を流せないから、敵からの攻撃に対して苦しそうな表情になることが多いんです。これを幼少期に見ていた人の中には窒息系の性癖を持つ人や、のちにSMに目覚める人が多い。また、エロ同人コンテンツに関しては、ネット検索してたら偶然BLにたどり着いて腐女子になったり、ゲイになったりした人の話はよく聞きます。こういった性癖の目覚めは、コンテンツが豊富な日本特有のものだと思います。素敵な国だと思います（笑）。

エロデューサーとしてエロの世界を面白くしていきたい

――原点に戻っちゃいますが、ポインティさんが考える「エロ」の正体ってなんですか。

佐伯　「最古にして最新のエンタメ」が、僕にとってのエロですね。超昔の人類って、マジで「戦うこと」と「セックス」以外ドーパミン出てなかったと思うんですよ。今でこそセックスには愛とか恋とか結婚とか混じってきたけど、古来はシンプルに「めっちゃエロい」「めっちゃ気持ちいい」だけだったと思うんですよね。「なんかこいつとめっちゃバイブス合う！」みたいな。同時に「最新のエンタメ」でもあると思うのは、テクノロジーの分野が一番わかりやすくなっちゃうけど、家庭用VHSが広まったのはエロビデオがきっかけだし、現在でもVRではエロいコンテンツがヒットしてますよね。エロのエンタメは時代と共に今後もずっとアップデートされるものだと思います。

——今後もエロのエンタメは生き続けますかね？

佐伯　人工授精バリバリのデザイナーベビーだらけの超ディストピアにならない限りは、みんなセックスするだろうし頭の中からエロが完全になくなる日はまずないだろうなって思います。仮に我々人類がセックスによる繁殖活動をしなくなったとしても、「エロいのが好き」ってのは絶対残ると思う。それは子作りや愛っていうよりは、結局「ドーパミンを出したい」って話ですからね。だからこそ、素晴らしいエンタメだと思います。

——ポインティさんがエロデューサーとして今の世の中に感じていることは？

佐伯　世の中の「女なんだからこう」「男なんだからこう」という考え方が限界にきていて、いろんな歪みが生じているなということを感じています。今後は、どんどん「性別」はポップなものになっていくと思います。だって現実には、女性でもセックスが大好きな人やスカトロに興奮する人だっているし、男性でも性欲がない人や、電マをあてられて気持ちいいという人も存在しているんです。昔は性別への解像度が低かっただけだと思うんです。僕はそもそもエロに男女差はないなって思うんですよ。人間である以上、LGBTなどのマイノリティでも障がいのある人でも、エロの前ではみんな同じ。結局、同じ人類ですし。だからこそエロの面白い部分をもっと引き出したいし、いろんな人のエロに触れていきたいなという気持ちがあります。今は個人が多種多様の好きなことを発信できる時代ですが、「エロが好き!」って言いづらい風潮はまだあると思います。もちろん、エロが嫌いな人は嫌いなままでいいと思ってるのですが、好きな人がより楽しめたら、最高ですよね。僕はエロデューサーとして、エロが好きな人が、「面白い!」「これ欲しかった!」と思えるコンテンツを大きい規模でやっていって、エロの世界を面白くしたいですね。

さえき・ぽいんてぃ | 1993年、東京生まれ。クリエイターのエージェント会社コルクに漫画編集者として入社。2017年に独立し、男女楽しめるエロスのあるコンテンツをつくる「エロデューサー」として活動中。ポジティブに猥談を楽しむ人が集まる「猥談バー」というイベントをしたり、様々な性癖・性体験の人をインタビューし「猥談タウン回覧板」というメルマガを配信したり、エロの領域で注目を集めている。

「オナニーもクリエイティビティも自己対話。
自分の中から自然と出てくるもの」

INTERVIEW 17

もりすけ

「残念なイケメン」こともりすけさん。6秒の短い動画を共有するアプリ「Vine」をきっかけにインターネットの表舞台へと躍りでた彼は、現在「コメディアン」として活動しています。残念なイケメンどころか、誰が見てもイケメンでスタイルも抜群。端正なルックスを持つ彼に、少年時代から一貫しているエロとの向き合い方、一見、無関係に思えるセックスと動画制作の共通点について伺いました。

ネットでかわいい女の子を見つけたらめっちゃスクショする

――いきなりすみません。やっぱり、インターネットで有名になるとモテるんですか？

もりすけ　本当、いきなりですね（笑）。SNSで「カッコいい」「結婚してください」と言われることはありますけど、それってモテるってことなんですか？

――一般人はそれすらも言われませんから、十分モテているとは思います……。

もりすけ　僕はインターネット上で女性からのアプローチがあっても、応援の言葉として受け取ることはしますが、基本的に信用していません。別世界のものだと切り分けているんです。インスタグラムのDMで「お会いしたいです」「付き合ってください」みたいなメッセージをいただいても、そういう女性に限ってアイコンが彼氏との2ショットなんですよ。彼氏とのデート写真をガンガン上げているし、そういう人って“好きな男の腕の中でも違う男の夢を見る”ようなジュディ・オング系女子ですよね。

――2010年頃有名になったアルフファツイッタラーたちは出会いを求めた結果、炎上することが多かったのですが、もりすけさんはピュアなんですね。インターネットを始めたのはいつからですか？

もりすけ インターネットは高校生のときから始めて、大学時代にmixiが流行り、その後Twitterが入ってきました。インターネットが生活の一部になったのは、2013年にVineで動画を上げだしてから。今でこそ顔出しをしていますが、昔はブログに自分の写真をアップするときも目線を入れて隠していたんですよね。インターネットで自分をさらけ出す怖さみたいなものは多少感じていて、その延長線上で綺麗な女性からアプローチがあっても「どうせ彼氏と仲良くやってるんでしょ？」「中身はおじさんかもしれない」と疑ってしまうのかもしれません。でも、たまに本当にかわいい子がいますよね……。

――TikTokを見ていると、最近の若者は美男美女だらけだなって思います。かわいい子を見つけたときはどうするんですか？

もりすけ めっちゃスクショします。

――そこで「会いたい」っていう発想にはならないんですね。

もりすけ ならないですね。完全に切り分けています。たまにスクショしたアカウントを見に行くとフォローを外されていたりしますからね（笑）。ネット上とはいえ、人は人です。ナンパもしたことないので……。

唯一エロを感じる場は「湯けむり殺人事件」の入浴シーン

――もりすけさんは“残念なイケメン”として活動されていますが、顔は

もちろん、スタイルもいいし、どう見てもイケメンです。学生時代はモテましたよね？

もりすけ　学生時代はネクラでした。今もそうだし無口ですけど、当時は全然喋れなくて。自分の意志がない抜け殻のような存在。親のおかげでスタイルはいいかもしれないけど、内面の魅力がない。だからモテなかったんですよね……。

――当時から自分のことをイケメンだと思っていた？

もりすけ　まぁ、近所のおばちゃんたちに「ハンサムボーイ」と毎日のように言われていたのでそうなのかなと……（笑）。かといって、もてはやされることはなかったし、そもそもモテたいと思っていませんでした。性の目覚めもめっちゃ遅いんですよ。はじめて射精したのは、中学3年生のときでした。

――たしかに、ちょっと遅めかもしれません。

もりすけ　当時は友だちと性の話どころか、恋愛トークもしない。中学生のときは家にパソコンがなかったし、携帯もない。今みたいにインターネットでエロが見られる時代ではありません。そんな環境で僕が唯一エロを感じる場は、テレビで放送されていた「湯けむり殺人事件」の入浴シーン。それぐらい、身近にエロがなかったんです。

――エロとしては初級です。

もりすけ　あとから話を聞くと、兄貴からオナニーのやり方を教わった友だちはいましたが、僕はまったくそういうことがなくて……。ちんこをさわっていたら、突然射精した、みたいな感じ。病院に行こうかと思いました。

——兄弟からエロの影響を受けることもなかったんですか？

もりすけ 兄貴が12歳上で姉貴が10歳上なので、僕が8歳のときにどちらも大学の進学で実家を出ているんですよね。年末年始に会う親戚のお兄さんお姉さんみたいな距離感でした。だから、子どものころは性に関して指南してくれる人がいなかった。師匠的な存在がいなかったんです。

——インターネットを使うようになって、性との距離感は変わりましたか？

もりすけ 高校生のとき、家のパソコンでアダルトサイトを見たんですよ。サイトにいくつも「動画はこちら」みたいなリンクがあって、クリックしたら動画じゃなくて広告だった……。「10万円支払ってください」っていう架空請求のポップアップ画面が表示されて……。当時はめっちゃピュアだし、インターネットは怖いものだと思っていたので、その画面が出た瞬間、これからオナニーするはずだったのに、半泣きになりながらお母さんに「ごめんなさい！」って言っちゃったんですよね。

——お母さんの反応は？

もりすけ 「なんでそんなものを見るんだ！」って、ものすごく怒られました。うちの母は同世代のお母さんよりも世代が上で、考え方が堅いんです。「中高生が男女交際をするなんてけしからん！」みたいな人でしたし、母親の影響もあって性の目覚めが遅れてしまったのかもしれないです。

性教育の先生は福山雅治。性の師匠はアダム徳永

——インターネットで人気のある人は、全員ドスケベだと思っていました。

もりすけ　僕にとってのエロは、いまだに「湯けむり殺人事件」の入浴シーン。あの稚拙なエロからあまり進歩がありません。湯けむりが最高です。その影響か、女性の体を見ただけで満足してしまいます。

――エロに対して憧れはないんですか？　もっとすごいことをしてみたいとか。

もりすけ　ないですね。多分、考え方が寮母さんなんですよ。自分も楽しみながら献身的に対応する。相手の望みを満たすことが、僕にとっての満たしになるみたいな感じで。例えばセックスに対しての考え方も、おもてなし。

――セックスがお・も・て・な・し？

もりすけ　自分のやりたいことをやるというよりは、相手が求めているこ

とをヒアリングして叶えるようなイメージですね。僕は相手が満足したら、自分はイかなくてもいいんです。たまにクンニしないっていう男がいますけど、あれはおもてなしの心が足りてませんよ。

——そのような考え方になったきっかけは?

もりすけ 僕、ずっとオナニーで満足してたんです。オナニーって究極の自己対話だから自分が満足できればいいわけだし、他の人がどうしてるかなんて気にならない。自分がオナニー界でどの立場にあるのか気にもならないからこそ自然発生的なオリジナリティが生まれる。クリエイティビティに関しても、本当のオリジナリティというのは立場も、世間体も気にせず自分の中から自然に出てくるものです。

でも「セックス」となると話は別。そこでセックスの師匠となったのがセックスセラピストのアダム徳永さんです。性に関する知識が薄いまま大人になってしまったので、大学に入っていざ彼女とセックスをするときに、どうすればいいかわからない。もちろんAVは見ていましたけど、デフォルメされているというか、エンタメ的な要素が盛り込まれているものなので、本当のことがわからない。そこで参考にしたのが、アダム徳永さん。アダム徳永さんのDVDを見て、勉強して「アダムタッチ」や「ルービックキューブ体位」といったテクニックを習得した結果、僕は自分のやりたいことを押しつけるより、相手に奉仕するタイプだなと思ったんです。

——なるほど……。もりすけさんの年齢でアダム徳永さんの影響を受けるって珍しいかもしれないですね。

もりすけ 僕の性教育の先生は、ましゃ(福山雅治)です。ましゃがアダム徳永さんの話をしていたので、興味を持ちました。師匠の師匠だから、間違いないと。

――まるでギターキッズがエリック・クラプトンに憧れ、ロバート・ジョンソンを知るみたいな流れですね。

もりすけ 周りに影響されてきた人生だから、自発的に生まれたものがなくて。性に限らず、学校の進路もそう。兄貴と姉貴が通っていた高校に進み、姉貴が通っていた大学に進むみたいな形で。本当、自分というものがない学生時代でしたね。

今、コメディアンって言われることがすごく嬉しい

――でも、おもてなしの精神は悪いことばかりではないですよね。現在もりすけさんはコメディアンとして動画制作をされていますが、ユーザーの需要を見極めるという意味では、セックスに対する考え方と近いのかもしれません。

もりすけ そうですね。最初に前戯でヒアリングをして、どの体位が好きなのかアダム徳永さんのルービックキューブ体位でチェック。完全にPDCAサイクルを回しています。ずっと理系の脳みそなので、仮説を立てて検証して、結果を見てまた次の仮説を立てるみたいなことを、性に関しても気づかないうちにやっていると思います。動画作りも投稿時間から始まり、演出、音楽の使い方など細部に至るまで、Vineを始めた頃からPDCAサイクルを回しています。そこは、理系脳が活きていますね。常に冷静で、ずっと客観視をしている。自分のことをもう一人の自分が見ているような感覚はあります。

――理性を失うような、熱くなる瞬間はないんですか？

もりすけ　夢の中ではやりたい放題です。学生時代、明晰夢を毎日のように見ていました。夢の中の世界を自由に操れるので、いつもエロい展開にしていました。夢の中では何しても自由だけど、僕はあんまり乱暴なことは好きじゃないので、女性に自発的に裸になってほしくて、夢の中で温泉を沸かしたんです（笑）。しかも源泉で40度の適温！ すると「あ！温泉だ！」といって目の前でみんな気持ち良さそうに入るわけです（笑）。楽しませつつ、自分の欲求を叶えるスタンスは夢の中でも変わらないみたいですね。あ……これって全然理性失ってないですね（笑）。

セックスも動画作りも相手のことを考えたおもてなしは一生懸命やるんですけど、取り乱して理性を失い、何かをするみたいなことは苦手です。そこは、コンプレックスでもあります。自分の殻を破りたいという気持ちはあるんですけどね……。

――そんな自分の性格をコメディアン、クリエイターとしてどう感じていますか？

もりすけ　コンプレックスと言いましたが、別に気にしてはいません。もともと個性的なタイプではありませんし、根っこにある特殊な考え方もない。だからこそコメディアンとして、自分の考えたキャラクターにすぐなれる、演じることができると思っています。際立った個性がないからこそ柔軟に対応できるんです。

――コンプレックスに感じていることが、コメディアン・もりすけさんの武器にもなっているんですね。

もりすけ　今、コメディアンって言われることがすごく嬉しい。コメディアンといっても芸人さんではなく、喜劇俳優ですね。僕の起源はMr.ビーン。非言語でもわかるコメディをヴィジュアル・コメディといって、僕の動画も言語がわからなくても伝わることを意識しています。僕のSNSには日本だけではなく、ヨーロッパや南米など全大陸に多くのフォロワーがいるんです。この状況にすごく可能性を感じています。そして、また世界的にヴィジュアル・コメディブームがくると信じています。それに備えて自分のスタイルを確立して、今までできなかった、チームを組んで動画を作ることにもチャレンジしていきたいです。

もりすけ | 本名、森祐介。2013年、動画アプリ「Vine」にて投稿した6秒動画が話題となり「残念なイケメン」と呼ばれる。Twitterのフォロワー数は28万人を超え、国内のみならず世界中にファンがいる。

「オカズがないなら、自分で作ればいい」

INTERVIEW 18 古賀 学

ニーハイソックスを履いた女の子を水中で撮影する『水中ニーソ』。水着とニーハイソックスという一風変わった組み合わせの写真は、男性のみならず女性にも多く支持されています。手がけたのはビジュアルアーティストの古賀《こが》学《まなぶ》さん。個人的な「オカズ」を目的に生まれた作品は、いつしか世間から評価されるものへと変貌していきました。『水中ニーソ』がもたらした、フェティシズムの新たな可能性とは。

自分は異常なんじゃないかという不安をネットが救ってくれた

——古賀さんの代表作である写真集『水中ニーソ』。競泳水着とニーハイソックスを着た女の子を水中で撮影するという一風変わったものですが、これってやはり古賀さんの性癖なのでしょうか？　いきなりド直球ですみません。

古賀　めちゃくちゃ直球ですね（笑）。そうですね、たしかに僕の性癖です。なぜかはわからないのですが、水の中にいる女の子がかわいいっていう感情が昔からあって、幼稚園のときにはすでにダイバーの絵を書いていたんですよ。

——幼稚園のときから……それは早いですね。

古賀　さすがにそのときはそれがエロとは思わなかったんですが、中学生になると南国リゾートの旅行パンフレットに興奮したり、ダイビング雑誌やダイビングの講習ビデオも集めてたりしてました。

——通販カタログの下着ページで抜くのは男子中学生あるあるだと思うんですが、ダイビング雑誌はちょっと聞いたことがないですね。

古賀　だから当時は誰にも言えずに過ごしていました。水の中の女の子に興奮するなんて、一般的なものではないじゃないですか。「もしかしたら自分は異常なんじゃないか」という不安を抱えながら生きてましたね。

——その頃から特殊な性癖という自覚があったんですね。

古賀　そうなんです。でもそんな不安から救ってくれたのが、インターネットでした。僕が20代半ば頃、ネットサーフィンが盛んになってきて、ふと自分の性癖を検索してみたら「水中フェチ」が集まる掲示板を見つけたんです。そこでは「あの映画には水中で女の子が苦しんでいるシーンがあった」とか、「このAVは競泳水着着用の水中シーンがある」とか、みんな情報を交換し合っていて。

——同じフェチを持つ人間にはじめて出会えたんですね。

古賀　とても安心したのを覚えています。普段人に話せないようなことがそこでは思い切り話せるのがすごく楽しくて。そこには今でも仲良くしていただいているミュージシャンの菊地成孔さんもいらっしゃいました。それですぐにオフ会に発展していって。記念すべき第1回のオフ会（1997年）は菊地さんの自宅で開催されるという。

抜けるものがないなら自分で作ってしまえばいい

古賀　ただ、そんな水中フェチの中もいろんな派閥に分かれていたんです。溺れて苦しんでる姿を見るのが好きな人もいれば、スキューバダイビングのドキュメンタリーが好きな人、かわいい女の子が潜ってニコニコしているのがいいっていう人。同じ水の中でもプールが好きな人、バスタブが好きな人もいた。

――水の中でさらに細分化されていたんですね(笑)。

古賀　いろんな情報は集まってくるけど、自分の好みにぴったりなオカズって意外と少なかったんですよ。僕はかわいいリゾート系のダイビング器材を着用しているものと競泳水着が好きだったんですけど、たとえば競泳水着もののAVでも実際に水中撮影している作品は稀で、水中撮影はしていても顔は水に入らなかったり、ごくごくたまに実際に水中に入っているシーンがあっても数秒しかなかったり。ダイビングものでも映像が汚いとか器材がダサいとか、ベストなオカズがなかったんです。だから、「抜くものがないなら、自分で作ったほうが早いや」と思ったんですよね。

――え、自分でですか?

古賀　オフ会の雑談で盛り上がって、「それ面白そうだから作ってみようよ」という有志が何人か出てきて、これはいけるんじゃないかなと感じました。そこでビデオメーカーで働いてる友人に話したら、彼も「面白いから商品にしてみよう」と。そんな感じでトントン拍子で話が進んでいったんです。

――すごい行動力ですね(笑)。

古賀　完全にエロを原動力に突き進んでいましたね(笑)。最初はイメージビデオシリーズ(2002年)ですぐにグラビアアイドルのDVDシリーズに発展します(2003年)。もちろん全部水中ってわけにはいかないので、普通のシーンも入れつつ、でも不自然に水中のシーンが多いものを作ってましたね(笑)。僕はそれまでグラフィックデザイナーとして活動していたので、僕のデザインのファンの人たちは「古賀は気が狂ったんじゃないか」と思ったでしょうね(笑)。その時期は

『ガンダム占い』という本やおもちゃのキャラクターデザインをしながら、アイドルを水中で撮っていました。

——二足のわらじだったんですね。

古賀 しばらく撮っていたら同じ水中フェチ界隈の菊地成孔さんから、MVを撮らないかとお声がけいただいたんです(2004年)。ちょうどアイドルDVDのかわいらしい世界観に飽き始めていたころだったので、思い切って背景を黒にした強くてかっこいい感じの作品にチャレンジして。強くて黒くてかっこいいショートムービーやVJ用の映像を制作するうちに、映画『ヘルタースケルター』の水中シーンを撮らせてもらうことになったんです(2012年)。実は、同時期に水着とニーソという組み合わせが誕生しました。

インターネットがなかったら、『水中ニーソ』は生まれてなかった

——ほんとにトントン拍子で話が進みますが……しかしどのようにして『水中ニーソ』は生まれたんですか？

古賀　それまでは水中ハウジングに入れたホームビデオカメラで動画を撮っていたんですが、劇場作品ということもあり、不慣れな一眼レフで動画撮影することになりました。そこで、モデルを使って水中でのカメラリハや動き方のトレーニングをしようと。トレーニング作品の衣装の中に白のニーハイソックスがあったので、それが水の中でどのくらい透けてどのぐらい映えるのか、ちょっと試してみようかなということになったんです。実際に白の競泳水着とニーソを合わせてみたら、その画がなんかいい。そこで黒背景にドレスを着たモデルの水中写真とニーソ姿の水中写真をTwitterにアップしてみたんです。するとニーソの写真だけが信じられないぐらいリツイートされて。

——古賀さんが「なんだかいい」と引っかかったものが、確信に変わっていくんですね。

古賀　「あっ、こっちのほうがウケるんだ」と意外性を感じつつも、「もしかしたら大発見をしてしまったかもしれない」と思いました。そこから『水中ニーソ』を撮り続けるようになりました。もしSNSがなかったら、そしてもし初期のインターネットのフェチ界隈がなかったら、『水中ニーソ』は存在していなかったのかもしれませんね。

——ネットでそんな風にバズったら、水中フェチ界隈では大盛り上がりだったんじゃないですか？

古賀　いや、実はそれが、『水中ニーソ』発見の前に、水中フェチ界隈

はすでに衰退しちゃってまして……。今は「マウンティング」っていう便利な言葉がありますけど、当時の水中フェチ界隈の閉じられた世界でも、「俺のほうがコレクションを持ってる」「俺のほうが知ってる」と、マウントの取り合いが起きていたんです。

――趣味やマニアの世界ではそういったことが往々にしてありますね。

古賀　コレクションや知識を競うことになると先に生まれたほうが有利に決まってるのですが、そんな集まりに突然「コンテンツそのものを作れる」って人間が出てきてしまうと、先輩たちが持ってるコレクションや知識がどんどん暴落してしまった。砂金を拾い集めている村で錬金術を発動してしまったことで、その村とは別れてしまったんです。そもそも水中フェチの中では女の子が溺れていたり、苦しんでいたりするのが好きという人たちが主流で、「水中のかわいい女の子が好き」というのはどちらかというとマイノリティだったんです。現在の『水中ニーソ』は水中フェチではない女性からもかわいいと支持されていて、溺れたり苦しんでることが好きな水中フェチの人たちの世界観とは区別されていると思います。SNSが中心になった現在では、インターネット黎明期からいた水中フェチ界隈の方々はもう散り散りに……。

――自分たちの欲望を叶えるために作ったのに、結果的にはそのクラスタを崩壊させてしまったと。

古賀　難しいですよね……。水中フェチ界隈では、今も親交がある人は数名しか残っていません。ただ、僕がずっと恥ずかしくて言えないと思っていた性癖が、水中フェチの外の世界に広まっていくのは面白かったですね。最近では『水中ニーソ』がAVのモチーフにされていたり、明らかに僕の『水中ニーソ』作品を意識したものが中国でア

水中ニーソ　©MANABU Koga

パレル展開されたりしていて、それも含めて面白いなと思ってます。

——真似されるのも古賀さんにとっては面白いことなんですか?

古賀　僕は割と面白がってますね。だって、勝手に二次創作をやってくれるようになったら、自分でオカズを作る必要がなくなるじゃないですか。ダイビング雑誌をエロいと思っていた中学生からすると、それってすごいことですよ(笑)。

作品を作り続けるのは、美少女になりたいから

——そこまで『水中ニーソ』が支持されるのにはどういった理由があるのでしょうか?

古賀　かわいいという世界観なのはもちろんなんですが、見ている人によって解釈が変わることなんじゃないかと思います。というのも、『水中ニーソ』がどういう作品なのか、僕からは一切説明してなくて。アートだという人もいるし、ファッションと捉える人もいるし、コスプレという人もいる。水着とニーソを水中で撮るという中に、受け手によっていろんな解釈ができるというのが支持されている要因なのかなと思ってます。

——古賀さんのように、抜く目的の人もいるでしょうしね。

古賀　もちろんそういう人がいてもいいと思います。ただ、僕の中では『水中ニーソ』は、もう抜く対象ではないですね(笑)。

——え、では古賀さんは何をモチベーションに作品を撮っているんですか?

古賀　まず前提として「水の中の女の子は最高にかわいい」が僕のテー

ゼになっているので、こうして作品を作り続けられている環境そのものが好きなんです。あとは「なりたい美少女」がモデルになってくれることですね。

——「なりたい美少女」……？　どういうことでしょうか。

古賀　漫画家の江口寿史さんが画集のあとがきに「自分のなりたい女の子を描いている」という話をされていて。その感覚がすごくよくわかるんですよ。僕が作品を作りたいと思うのは「きみになりたい」という感覚と同義で、自分がかわいいと思う世界観の作品を作ることで、擬似的にでも僕はその美少女になることができる。だから、「なりたい」と思うような美少女がモデルとして現れることがモチベーションになるわけです。最近だと、美少女バーチャルYouTuberになってるおじさんの気持ちがよくわかりますね。あれも「自分のなりたいものに

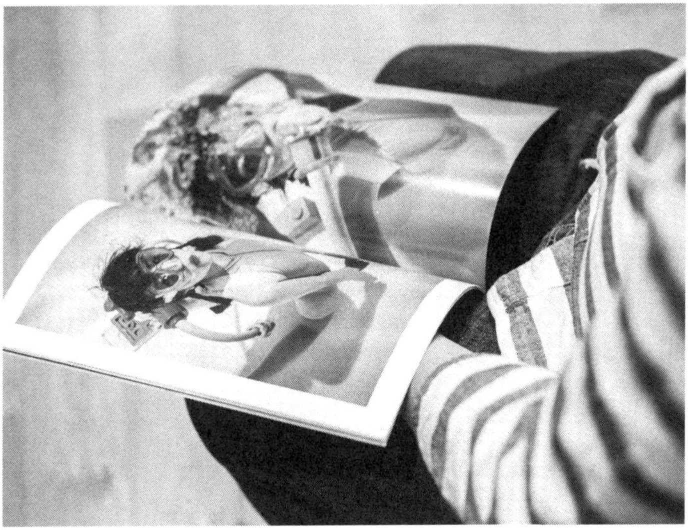

なれる」という感覚に近いはずなので。

水着とニーソで「写真とは何か」に挑戦したい

——思い描いている今後のビジョンはありますか？

古賀　水着とニーソを着た女の子を、よりアートとしてアップデートしていきたいと考えています。アートのミッションは二つしかないと思っていて。それは「他人が思いつかないことを思いつく発想」と、「そのアイデアがバカにされようが実際にやり遂げること」。僕はデザイナー歴が長かったので、どうしてもアートのことが見えなくなっていたんです。しかし『水中ニーソ』の刊行や展示をやる中で、ようやくデザイナー的な思考から離れることができた。これからはそのミッションとしっかり向き合っていきたいなと思っています。

——具体的にはどのようなことを考えていますか？

古賀　今準備している作品のテーマは「写真とは何か」という問いかけですね。

——大きなテーマですね。

古賀　海外で『水中ニーソ』を展示すると、「これは写真ではない」と指摘されることも多いんです。アートにおける写真では、写真機で撮ったありのままの画像こそが写真だという“ストレートフォトグラフィ”という考え方があって、一部の人々には僕のように合成や加工する作品は写真として受け入れられないことがあるんです。でも写真の歴史を遡ると、ありのままの“ストレートフォトグラフィ”が主流の時期って実は100年ぐらいしかないんです。それ以前の19世紀は、絵画的に合成したり描き足したりした“ピクトリアリズム”という写真が一世風靡していました。そして2018年現在、“写真”と言われているものの中には、フォトショップで合成されたものやスマートフォンのアプリで加工されたものがSNS上にたくさん存在しているわけです。僕はこれを“ピクセルリアリズム”と定義づけてひとつのアートとして昇華し、「写真とは何か」という問いに挑戦していきたいと思っています。

――“ピクセルリアリズム”を撮り続けている古賀さんだからこそできることですね。

古賀 水着とニーソの女の子で、それができると考えています。

こが・まなぶ ｜ 学生時代にフリーペーパーを制作した経験を活かし、グラフィックデザイナーとして活動。『ガンダムビルドファイターズ』『ガンダムビルドダイバーズ』のロゴや『仮面ライダー（ダブル、オーズ、フォーゼ）』等のCDジャケットのデザインを手がける。2013年より、水中で競泳水着とニーハイソックスを組み合わせた『水中ニーソ』を撮影し、SNSで話題に。男性のみならず女性にも熱く支持されている。

「アダルトの仕事をやっていたからこそ、
アイドルを続けられた」

INTERVIEW 19

姫乃たま

16歳からフリーの地下アイドルとして活動するかたわら、ライター業も営みアダルトコラムやAVレビューを執筆してきた姫乃《ひめの》たまさん。「アイドル」と「エロ」の二足のわらじで新境地を開拓してきた彼女は、「エロがあったからアイドルを続けることができた」と語ります。それは一体どういうことなのでしょうか。

エロいことをしたいから人は生きている

――早速ですが、アイドルになる前はどんな女性でしたか？

姫乃　幼少期は基本的に内向的で、母親にべったりな子どもでした。だから幼稚園に入ってからは毎日が本当に憂鬱で。しかも弟が生まれて母親を独り占めできなくなってしまって、さらに憂鬱になっていきました。

――そんな内向的な少女がエロに目覚めたきっかけは何だったんですか？

姫乃　エロ本ですね。家が酒屋だったので、小さい頃から店の一角にあった売り物のエロ本をこっそり見てたんです。エロに目覚めていたというより、そのときは興味本位で読んでいました。家のエロ本を読んでも特に思うことはなかったんですが、幼稚園児だった頃かなあ。ある日近所の公園のトイレで、和式便座で排泄してる女の人の写真が載っているエロ本を見つけたんです。

――それはまたかなり偏ったジャンルのエロ本を……。

姫乃　いま思えば『ニャン2倶楽部』(コアマガジン)だったと思うんですけど、それを見て、「うわ、ヤバいもの見ちゃった」って読むのをやめたんですけど、そのとき感じた嫌悪感のようなものが、自分の中でエロへの好奇心に変わっていったんです。

——本能的にエロを感じたんですかね。

姫乃 それが「エロい気持ち」だっていうのは言葉としてはわからなかったんですけど、でもなんか気づいちゃったんですよ。「もしかしたらこの気持ちを感じるために人は生きているのでは」って。

——子どもなのにそんなことに気づいちゃったんですね。しかもそれって正解っぽい。

姫乃 幼少期から鬱屈した日々を送っていたので、「人はなぜ生きてるんだろう」って常に考えているような子どもだったんですね……(笑)。

自分のエロい部分を見せることがストレス発散に繋がる

——地下アイドルになったきっかけは?

姫乃 高校時代に出入りしていたクラブのDJが、アイドルのライブでDJをやるっていうので、ライブを観に行ってみたんです。そのライブ会場で、「アイドルとしてライブに出てみれば?」って出演者の女の子に誘ってもらって、遊び半分で彼女の主催ライブに出演させてもらったんです。そしたら最初のライブを見ていたイベンターの方が、立ち上げたばかりの別のイベントに誘ってくれて、そこに出たらまた次も……という感じで今日まで続いてきました。遊び半分で始まった地下アイドル業がまさか10年も続くとは思ってなくて自分でもびっくりしています。

――姫乃さんのファンはどういった方が多いですか？

姫乃　40代から50代の独身男性がメインで、そこに10代から20代の女の子がちょっといる感じですね。ライブの本数が多いのでファンの方と会う機会は多いです。月10本ほどイベントに出演しているので、全部来てくれる熱心なファンとは親族以上に顔を合わせてますね。お互い親戚みたいな感覚です（笑）。

――以前はグラビアなどもやられていましたが、性的な目で見られることについてはどう感じていました？

姫乃　あー、コアなファンの方はそんな感じなので、あんまり性的な感じはしなかったですね。ライトなファンのほうが性的な目で見ていたように感じます。以前倉持由香さんもインタビューで「心の中におっさんを飼っている」とおっしゃってましたが、よくわかります。自分の

中におじさんがいると、性的な目で見られても「そうそう！　ここのエロさがわかるかい？」と共感できるんです。反対に心のおじさんを飼わないまま、自分のグラビアのエロい部分がわからずに「エロいね」って他者に言われたら、単純に「気持ち悪い」と思ってしまいそうですよね。よっぽどストイックに仕事としてこなせる人じゃないと心が死ぬと思います。

——では、姫乃さんはグラビアも楽しんでやっていたんですね。

姫乃　そうですね。私にとってグラビアはストレス発散でもありました。

——ストレス発散？　グラビアが？

姫乃　多くの男性が小さい頃から、体が大きく強く拡張されるものを好みますよね。車とかロボットとか。女性は逆で、自分を小さく弱く

見せることに快感を感じると思っているんです。ダンスの振り付けでもアイドルの場合、男性はいかに大きく体を見せるか、女性はいかに細く見せるか考えられた動きが多いんですよ。男女問わず悲劇のヒロイン症候群ってありますけど、自分が弱く見られるって、気持ちいい側面があるんですよね。

――ははあ、そんな風に考えたことはなかったですね。

姫乃　だから私もグラビアで服を脱ぐことが一種のストレス発散になっていたんだと思います。

正解のない、未完成のものが好き

――地下アイドルやグラビアだけにとどまらずAVレビューをも手がける姫乃さんですが、AVはどのような観点で観ていますか？

姫乃　個人的には挿入シーンにはあまり興味がなくて、それ以外の部分をよく観ています。

――挿入シーンに興味がもてないのはなぜですか？

姫乃　私は基本的に未完成のものが好きなんです。挿入シーンってある程度正解が決まっていて、完成されているじゃないですか。これは地下アイドルを続けている理由にも繋がるんですが、未完成の自分を「この程度でもいいかな」と面白がることができたからこそアイドルを続けられたんだと思います。もし自分に「もっと歌が上手くなりたい」「難しいダンスをマスターしたい」なんて向上心があったら、素養がなさすぎて続かなかったと思います。そもそも地下アイドル自体が技術的に100点を取ってしまうとできない面白い仕事なんですよ。シンガーになったり、ダンサーになったり、別の肩書が付いてしまうので。

——挿入シーンを「完成品」として捉えているなんて面白いですね……。AVレビューをしていて、周りから反響はありましたか？

姫乃 意外と女の子からの反響が大きくて、「レビュー見て実際にAV買いました」なんて言われるとすごく嬉しいですね。逆に男性からはAVレビューについて言われることはあまりないです。照れるのかな……？

——姫乃さんはどんな人にエロを感じますか？

姫乃 私は真面目で理屈っぽい人にエロを感じますね。ちょうど昨日、漫画家の新井英樹さんに「たまちゃんってエロいよね」って言われたんです。最初はよくわからなかったんですが、「真面目な人は物事をたくさん考えるからエロい」って話だったんです。私が真面目かどうかはさておき（笑）、それは本当にそうだなあと妙に納得しました。例えば、下ネタ縛りのしりとりなんかで「おっぱい」とか「ちんこ」みたいな幼稚な単語が出てくるじゃないですか。でも真面目な人はちゃんと考えちゃうから余計にエロい単語を出してしまうという。にゃはは。

——なるほど（笑）。たしかに、以前このインタビューに出てくれた「ちんこ謎かけ」が得意な紺野ぶるまさんも、たいへん知的で真面目そうな方でした。

動くメディアとして雑誌のような存在になりたい

——アダルトの仕事がアイドルとしての姫乃さんに還元されたことはあ

りますか？

姫乃　そうですね。アダルト関係の仕事をやっていたからアイドルを続けられたというのはあるかもしれません。アイドルとエロって建前上は分離してないといけないものだから、アダルトの仕事によって、「あの子はエロ側だからライバルじゃない」とアイドル同士の競争から除外されるんですよね。だから同業者からのいじめとかはあまりなかった。逆にアダルト業界やAV女優さんからは「同業者じゃないけどエロいことも喋れる女の子がイベントに欲しい」と呼んでもらえて。お互いの業界を行き来できる存在でよかったと思ってます。

——新しい立ち位置なのかもしれませんね。

姫乃　ライター業はエロ本デビューなので、完全にアダルトのおかげですし、ライターの仕事があるからバランスが取れてるところもあります。私、3年目くらいでアイドル活動を一度休止してるんですけど、ライター業がなかったらそこで辞めていたかもしれません。

——今後はどんな存在になっていきたいですか？

姫乃　私、「雑誌になりたい欲」がすごく強いんです。

——雑誌になりたい？ どういうことでしょう。

姫乃　雑誌って、読者は目当てのものを読むために雑誌を開くけど、いろんな情報が載っているから「あ、世の中にはこんな面白い人やものがあったんだ！」って、新しい価値観と出会えますよね。私もそんな存在になりたい。実際にメディアをやりたいということではなく、自分自身が動くメディアになりたいです。透明になって、人や事を受け止めていくというか。私自身は何もできないですけど、周りの人たちから「とりあえずいてほしい」と思われる存在でありたいですね。これからも、面白い場所にいられたらいいなって思います。

ひめの・たま｜1993年2月12日、東京生まれ。16歳よりフリーランスで始めた地下アイドル活動を経由して、ライブイベントへの出演を中心に、文筆業を営んでいる。音楽ユニット・僕とジョルジュでは、作詞と歌唱を手がけており、主な音楽作品に『First Order』『僕とジョルジュ』等々、著書に『職業としての地下アイドル』(朝日新聞出版)、『潜行〜地下アイドルの人に言えない生活』(サイゾー)がある。2019年4月30日を持って地下アイドルの看板を下ろした。

「写真撮影はモデルが隠したいコンプレックスを見つける行為。隠したい部分にこそ魅力がある」

INTERVIEW 20

青山裕企

写真集『スクールガール・コンプレックス』(イースト・プレス)をはじめ、様々なフェティシズムを表現し、形にしてきた写真家の青山裕企《あおやまゆうき》さん。そんな青山さんに自身のフェチ、女性モデルとのコミュニケーション術からコンプレックスの見つけ方と認め方まで、エロをテーマにたっぷりとお話を伺いました。

「フェチ」は偏愛。偏った愛情を意味する言葉

——今日はよろしくお願いします。こういったインタビューでも青山さん出てくださるんですね。

青山 全然大丈夫ですよ(笑)。ダメそうに見えます? 撮ってる写真が「フェチ」と言われるので、あんまり抵抗はないんですけどね……。でもたしかにこれまであまり喋ってないかな。エロってすごい重要だし、生きていく上での三大欲求のひとつだから、まず大前提として、「みんなエロいし、みんな変態」だと僕は思っているんですね。

——いきなり断言しましたね(笑)。

青山 いやいや、みんなエロいし、みんな程度は違えど変態ですよね。これは間違いないと思いますよ(笑)。だからこそ、エロの対象は人によってそれぞれ違う。例えば僕の場合、ヌーディストビーチにエロは感じません。一般的には肌の露出が多いほどエロいと思われるかもしれませんが、僕の考えるエロはそうじゃないんです。隠れていれば隠れているほど、エロい。例えば、会議で真面目な顔をしている女性がいたら、エロく見えることもあります。

——またヌーディストビーチと対極すぎますね……。

青山　一方、僕にとって「フェチ」は偏愛です。性的なものに限らず、愛情が偏っているもの。特定のキャラのフィギュアが好きで、普通なら1体でいいのに観賞用と保存用の2体買う人がいますよね？　これも一種のフェチです。そういった偏った愛情がフェチの正体だと思います。

――なるほど、偏愛が「フェチ」ですか……。青山さん自身は何フェチなのでしょうか？

青山　僕は……耳フェチですね。大人になると耳を出すことが恥ずかしい女性ってけっこういるんですけど、学生時代は髪をまとめることが多いから、耳があらわになるんです。当時の僕は女性とコミュニケーションが取れない学生で、まともに女性を見ることすらできなかった。面と向かうことができないから、必然的に横か斜めから見ることが多くなる。そうすると、彼女たちの耳だけは凝視できるんですよね。

――共学の学校に通った男子はみんな深く頷くエピソードですね。

青山　写真集『スクールガール・コンプレックス』は女子学生をテーマにした作品なんですが、あれは女子学生が身の回りにいた学生時代、まったく女性とコミュニケーションが取れなかったという僕自身のコンプレックスをその名の通り表現したものなんです。

――学生時代の青山さんにとって、耳はまともに見られる数少ない女性の象徴だったんですね。それにしても、耳フェチはマニアックです。

青山　学生時代など幼い頃の経験はフェチの形成に強く影響していると思います。なんといっても耳がすごいのは、硬さと柔らかさが共存しているところ。軟骨のコリッとした部分と、柔らかな耳たぶ。硬いものと柔らかいもののハーモニーが最高なんです。骨感と肉感が大事なんです。骨っぽいところと、肉っぽいところ。例えば、太ももとひざなんかもそうですね。
あとフェチにも性差があるんです。男性は女性の胸やお尻など柔らかいものが好きですよね？　女性は男性の骨や腕の筋肉など、硬さを感じるものが好き。そのどちらにも寄っていないから、耳フェチは少ないのかもしれません。

もし「耳本」を作るとしたら？

――耳に特化した本、耳本は作らないんですか？

青山　各所で提案はしています。企画が通らないということは、やはり需要がないのかもしれません（笑）。

――もし青山さんが耳本を作るとしたら、どんな魅せ方にしますか？

青山　アプローチはいくつか考えられますが、女性の耳をクローズアップして撮るだけでは物足りないと思います。息を吹きかける、綿棒を穴にスッと入れるなどシチュエーションはたくさんありますし、耳ってその人の人生が表れるんですよね……でも、ものづくりって偏愛が深すぎても売れないんですよ。

――好きなものほど、一歩引いて見ないといけないんですね。

フェチは狙っていない。
ヒットして、結果「フェチ」と言われるようになった

――青山さんの作品を「フェチ」ではなく、「エロ」と見る人もいます。

青山　たしかに発表した当時から「エロすぎる」っていう感想と、「エロじゃなくてこれはフェチだ」っていう感想に分かれましたね。でも僕自身、エロいものを撮ってやろうとも、フェチなものを撮ってやろうとも思っていなかったんですよ。ヒットした結果、「エロい」「フェチだ」と言われるようになったんです。

——はじめから狙ったわけではないんですね。

青山　今でこそフェチ写真家などと呼ばれることもありますが、『スクールガール・コンプレックス』を撮り始めたころは意識していませんで

©YUKI Aoyama

した。でも、自分の中で単なるエロにならないようにルールは決めていたんです。例えば……女子学生の太ももを下から撮る場合、スカートの中の下着がチラッと見えていたほうがエロいですよね？

――グラビアではよくある構図ですね。

青山　でも『スクールガール・コンプレックス』ではスカートの中の下着は見えません。さっきも言いましたが、あくまでも学生時代の、僕自身のコンプレックスを表現した作品なんです。あの頃は、スカートの中なんて見ることができなかった。もちろん、風が吹いて女の子の

©YUKI Aoyama

スカートがめくれるようなことはありましたよ。でも、目をそらしてしまう。目に焼き付けようとはするけれど、直視はできない。そういった視点を表現したかったから、下着が直接見えるようなものは『スクールガール・コンプレックス』には基本ありません。スカートの中がどうなっているのかは、読者の想像にお任せしています。

女性のコンプレックスは隠せばいいのではなく、認めてあげる

——女性を撮影するときに、コミュニケーションで気をつけていることは?

青山　写真撮影って考えてみるとエゴイスティックな行為なんです。カメラマンは勝手に撮りたいものをイメージして、そのために指示を出し、撮影したらデータを持ち帰って、修正することもできる。その前提があるから、撮らせていただけるだけでありがたいという気持ちがあります。女性には撮られたくない角度があるし、仕事だから肌のコンディションが悪くても撮られなくちゃいけない。その中でいかに喜んでもらえるか、撮られてよかったと思ってもらえるか。大半の女性はコンプレックスを持っていますから、そのコンプレックスを単に隠すのではなく、「いいよ」って認めてあげるような写真を目指しています。

——青山さんに撮られて「私、○○がコンプレックスだったけど悪くないかも……」みたいな?

青山　例えば、自分の鼻が低いと思っている女性はたくさんいます。そうすると、必然的に横顔が嫌いになるんですね。コンプレックスを本人から聞いて、あえてそこをこっそり撮って、言葉だけではなく写真でも褒めることがあります。自分ではコンプレックスだと思ってい

たところが、他人から見ると魅力になることってありますから。それに、第三者の言葉って意外と力がありますし、褒めることで意識も変わる。

――学生時代まったく女性と話せなかった青山さんは、どうやってコミュニケーションが達者になったのでしょうか?

青山 不思議ですよね(笑)。ある撮影をきっかけに激変したのではなく、少しずつですよ。20歳から写真を始めて、今年で40歳。最初は女性にどう声をかければいいのかわからないから、全然ポートレートが上手く撮れない。どうコミュニケーションを取ればいいのかわからない時代がずっと続いたんです。そんな状況でも、20代の写真を始めた頃からジャンプ写真だけは続けていました。女性にジャンプしてもらうだけだから気の利いた言葉はいらないし、モデルさんも楽しいから表情が明るくなる。人は跳ばせば盛り上がる(笑)!

――数々の女性を跳ばせる中でコミュニケーション術を身につけたんですね(笑)。

青山 この撮り方は『ソラリーマン』という作品にも繋がっていますが、当時の僕の武器はとにかくジャンプ。そこから先は、ドラクエで敵を倒すみたいに経験値を少しずつ上げていくしかない。女性を撮影することに慣れたのは、実際はここ数年かもしれないですね……。

コンプレックスとエロって実はリンクしている

青山 コンプレックスとエロって、実はリンクしているのかもしれません。コンプレックスは隠したい部分。でも、隠したい部分、隠れている中にエロがある。

——「隠れていれば隠れているほど、エロい」という青山さんらしい考え方ですね。

青山　僕にとって、写真撮影は被写体の隠そうとするコンプレックスを見つけて、認めてあげる行為です。隠そうとしている部分にこそ、魅力がある。恥ずかしがる中にも、かわいさや愛しさがあります。心を脱がせていくような感じなのかもしれませんね。それにフェチな写真って、撮ろうとすればするほど真面目になるんです。真面目になればなるほど、愛が偏って、高まってくる。これからも自分にしかできないフェチ表現に挑戦していきたいですね。

——いつかは青山さんの耳本が見られるかもしれない？

青山　うーん、耳本が出せたらそこでフェチの表現の終焉かもしれない……（笑）。でも耳本をもし本当に作れるなら、もっと写真で面白

いことがしたいですね。これまでは『絶対領域』や『パイスラッシュ』『ネコとフトモモ』など、何かと何かを組み合わせた表現が多かった。だから「耳×何か」じゃなくて、「耳」単体で成り立つような表現がしたいです。僕は耳の向こう側に行きたいんです!

あおやま・ゆうき | 1978年愛知県名古屋市生まれ。筑波大学人間学群心理学類卒業。2007年キヤノン写真新世紀優秀賞受賞。サラリーマンや女子学生など"日本社会における記号的な存在"をモチーフにしながら、自分自身の思春期観や父親像などを反映させた作品を制作している。代表作は『スクールガール・コンプレックス』(イースト・プレス)、『むすめと!ソラリーマン』(KADOKAWA/メディアファクトリー)など。吉高由里子、指原莉乃、生駒里奈、オリエンタルラジオなど、時代のアイコンとなる女優・アイドル・タレントの写真集の撮影を担当している。

「AVも仕事もディテールが大切。
細部にこだわることでクオリティが上がる」

INTERVIEW 21

高山洋平

「社長」「営業のプロ」「プロ飲み師」という3つの肩書を自由自在にあやつる高山洋平《たかやまようへい》さんは、FANZA「見放題ch プレミアム」会員歴4年。マイリストの作品登録数は約200という彼に、いいAVといい仕事の共通点、AVのタイトルから考察する時勢、AVと対人コミュニケーションの関係など、エロとビジネスの繋がりを聞いてみました。

肩書は「社長」「営業のプロ」「プロ飲み師」

――高山さんは一体何者なのでしょうか……？

高山　俺は広告会社の社長です。株式会社おくりバントっていう会社をやっていて、その前はずっと営業マンでした。だから社長だけじゃなくて、「営業のプロ」っていう肩書もあるね。

――営業のプロ……。

高山　ずっと中国で働いていて接待なんかの重要性をわかってるんですよ。中国の駐在員だったから、日本からお客さんが来たら遊びに連れて行くんですね。飲み屋を知らないと案内ができない。だからとにかく毎日飲んでいたし、仕事は飲んで取ってきました。帰国して会社を始めてから5年が経つけど、それは今も変わらないよ。ずっと中野に住んでいるんですが、この界隈の飲み屋に1日3軒ぐらい360日行っています。1日2、3軒行くから、年間1,000軒ぐらい飲む。だから、「プロ飲み師」っていう肩書もあるんです。

――社長で営業のプロでプロ飲み師……。ヴィジュアルに負けないぐらい、インパクトのある肩書ですね。

AVを考察すると、時勢を読むことができる

――高山さんはこの企画「TISSUE BOX」にずっと登場したかったと聞きました。エロについて一家言をお持ちなのでしょうか？

高山　俺はFANZA「見放題ch プレミアム」の会員なんです。初期からずっと入会していて、もう4年ぐらい。マイリストには約200作品を登録してある。

――いちユーザーとして、FANZAの魅力を語りたかった？

高山　それもあるけど、単純にAVが好きなんです。最近のAVを考察すると、時勢を読むことができるんですよ。今は、熟女ものが多いですよね。

――アダルトサイトの人気検索ワードを見ると、「熟女」は必ず上位にいますね。

高山　時代が熟女を求めているんですよね。若い人も熟女を求めているのか、FANZAのユーザー層が上がっているから熟女の需要が高まっているのか、どっちだろうか……そんな風に思いを馳せるんですよ。

――マーケティングとしてAVを見ているんですね。社長、営業のプロらしい視点です。

高山　ちゃんと見ているとわかってくる。俺はAVと同じぐらいラーメン二郎が好きなんだけど、二郎も通うとわかってくる。目黒店の卓上調味料は醤油とホワイトペッパーだけど、京急川崎店は唐辛子が2種類あるとか。リアルを知っている人と知らない人の知識量って全

然違うから、実際に触れ合ってみることが大切なんですよね。

大切なことはすべてAVから学んだ

――AVデビューはいつですか？

高山　デビューはしていないですよ。

――すみません……。出演ではなく、AVをはじめて見たときという意味のデビューです。

高山　多分、小学校5年のとき。俺は40歳だから、約30年前か。まだVHSで、一家に1台ビデオデッキがある時代ではなかったな。

――まだレンタルビデオ屋で借りる時代でしたね。

高山　昔は大変でした。18歳未満は借りられないから、気軽に見られるものではなかったんですよ。

――18歳を超えても、18禁コーナーの暖簾《のれん》をくぐる瞬間は妙な緊張感がありましたね。

高山　俺が地元に住んでいたとき、レンタルビデオ屋に女連れで入ってきたやつがいたんです。借りるつもりもないのに、ずっと二人で話しているの。今風に言うなら荒らし行為ですよね。でも、店員がすかさず「すみません。当店では女性とアダルトコーナーに入ることはできません」ってカップルに注意したんです。それを見たとき「こいつマジかっけー！」って思ったよね。治安を守る保安官に見えたなぁ。

――たしかに、ネット上で購入・レンタルが主流になった現代では見なく

なった光景ですね。

高山　今は「貸出中」っていう概念がないですよね。当時は、見たい作品があるのに貸出中で借りることができないと、仕方ないから抑えを借りて帰りましたよね。若いころはとんがってたから、見たい作品が貸出中だったら何も借りないで帰ることもありました。誰でもいいわけじゃない。好きな女しか抱きたくない、みたいなハードボイルド。

——たしかに昔のAVのレンタルは早いもの勝ちでした。

高山　でも、負けを知ることは大切なんです。世の中には先着順、タイミングがあるっていう考えを俺たちはAVで学んだ。大切なことはすべてAVから学んだし、それは今の時代も同じです。今日はそういう話をしにきたんですよ。

今のAVはエロに説得力がある

——昔のAVと今のAVにはどのような違いがあるのでしょうか?

高山 レベルが上がっていますね。昔と違って雑じゃないです。エロに説得力がある。

——エロの説得力とは……?

高山 冒頭のドラマ部分を早送りする人ってけっこう多いですよね?でも、ドラマがあることによってシチュエーションや関係性が生まれるから、エロに説得力が出てくるんです。いきなりセックスが始まっても、俺は「この二人はどういう関係なんだろう?」って思っちゃう。だから、ドラマ部分も早送りしないでちゃんと見たほうがいいんですよ。

——お気に入りの設定はありますか?

高山 最近見たやつだと、女優がOLで男優が大学のサークルの後輩っていう作品だったな。女性側の両親が無理やりお見合いをさせようとするんだけど、女性はお見合いなんてしたくないから、後輩の男性に2日間だけ彼氏役をお願いするんですよ。いい話でしょ?純愛ものの映画やドラマにもありそうな設定ですね。彼らは東京に住んでるんだけど、両親に挨拶に行く際はちゃんと雪が積もっている地方に行くの。

——わざわざ地方ロケもしているんですね!

高山 両親以外に彼女の妹もいて、「お姉ちゃんおかえり」なんてセリフもある。食卓には寿司が出てくるんですよ。地方ロケをして、ちゃんと役者がいて、小道具の重要性もわかっている。世界観がしっかり作り込まれているんですよ。そのお父さんが彼氏に「君は大学生か？」って聞くと、「はい。商社と銀行に内定が決まっています」って答えるんです。するとお父さんは「ほお、銀行か！」って安心して上機嫌になっちゃって。そういうところもなんだか地方のお父さんっぽいでしょ？

――すごくリアルな会話です……。

高山　夜に絡みのシーンはあるんだけど、次の日は家族みんなで地方にある大型のショッピングモールに行くんです。俺もかみさんが群馬県出身だから、帰省した際は同じ光景を見るんですよ。ドラマ部分にそういうリアリティがあるから、セックスに必然性があるし、エロに説得力が生まれるんです。AVも仕事も、ディテールが大切。細かい部分にこだわることで、クオリティがグッと上がるんです。

タイトルのトレンドはパーソナル系。女優の自己紹介がすべて入っている

高山　あとは、AVのタイトルを見るだけで時勢がわかりますね。

――ネットだと映画のパロディ系タイトルがよく話題になりますが……。

高山　それは俗にいう、パイパニック系ですね。でも、AVタイトルの話で「パイパニック」を出すビジネスマンは仕事ができない。あれは20年前の作品ですからね。「いつの時代の話をしているんだよ！」って怒られても文句は言えないです。

――べ、勉強になります……。最近のAVタイトルにはトレンドはありますか？

高山　最近のAVはラノベや映画、アニメ作品同様にタイトルがやた

ら長いです。これも時勢ですね。俺が好きな作品タイトルは『ヤリマンはフツーに認めるけど、黒ギャルだからってゆーのは違うくない?』。

——たしかにやたらと長いタイトルですね……(笑)。もはやセリフです。

高山　このタイトルを見て、「たしかにそうだよな」って思うんです。昔、黒ギャルブームがあったけど、その人たちが全員ヤリマンだったかというと、そうではない。実は黒ギャルは硬派なヤツが多いから、おいそれと抱かれたりはしないんです。このタイトルが言ってることはたしかに正解なんですよ。

——たしかに、タイトルに興味を惹かれてつい見ちゃいますね。

高山　他には、パーソナル系も今のトレンドですね。例えば、ハンバーガー屋でバイトをしていて、バンドマン好き、20歳、Gカップ、名前、学歴まで全部タイトルに入っているんです。

——タイトルに自己紹介が全部入っているんですね。

高山　こういった作品タイトルをパーソナル系と呼びます。現代は様々な娯楽コンテンツがあって時間の奪い合いをしていますからね。みんな昔みたいにじっくりAVのパッケージを見るようなことはしないんですよ。タイトルを見て、その作品を見るかどうか一瞬で決める。もしかしたら、タイトルにワードを詰め込むことでSEO対策をしているのかもしれないですね。やはりAVのタイトルには時勢が表れているんです。

もっとみんなAVを見たほうがいい

——こうしてお話を伺っていると、仕事とエロの関連性も見えてくる気が

します。

高山　他者とコミュニケーションを取ろうと思ったら、相手の出身地や住んでいるところ、どんなものが好きか聞きますよね。エロもそうなんです。コミュニケーションにおいて、エロという最大欲求は避けて通れません。エロを知っていれば、一気に相手の領域に踏み込むことができる。それに、エロに精通しているとAVで困ったとき「そうだ、高山さんに聞こう！」っていう存在になれるんです。ようするに、何かのジャンルを深く語れることが大切なんですね。

――AVで困るシチュエーションが想像できませんが、言いたいことはわかります。「AVも仕事もディテールにこだわることでクオリティがグッと上がる」「AVのタイトルには時勢が表れている」「エロの知識はコミュニケーションの根幹」……。今日は大切なことを教わりました。

高山　もっとみんなAVを見たほうがいいですよ。エロってセックスだけじゃないんです。俺は結婚しているから女遊びはそもそもいけないことなんですけど、仮に女遊びをしたとしても、心に引っかかるものがあるじゃないですか。なんだかこう後ろめたいものが。

――傷つく人がいますからね。

高山　それよりはラーメン二郎を食べて、酒を飲んで、FANZAでAVを見る。40歳のそこそこ成熟した人間から言わせてもらうと、これって健全で贅沢な生活だと思いますよ。

たかやま・ようへい｜株式会社おくりバント社長。年間360日飲み歩くプロ飲み師、営業のプロ。こんな風貌だが、住宅ローンの審査はちゃんと通過しているし、娘たちの運動会にもちゃんと参加している。愛車は三菱デボネアA33型。

「裸になったことで、
家族が与えてくれる無償の愛に気づけた」

INTERVIEW 22

兎丸愛美

兎丸愛美《うさまるまなみ》。職業・ヌードモデル。「19歳のとき、裸で遺影を撮りたいと思った」と語る彼女は、文字通り裸一貫で自分を表現しています。彼女はなぜ裸という衣装を選んだのか、ヌードモデルであることを家族に打ち明けたときのことや、それによって知った家族の愛について話を聞いてみました。

19歳のとき、裸の遺影を撮りたいと思った

――兎丸さんがヌードモデルになろうと思ったきっかけは？

兎丸　19歳のとき、裸の遺影を撮りたいと思ったんです。

――知り合いのカメラマンに撮ってもらったのでしょうか？

兎丸　いえ、インターネットで知らないおじさんと連絡先を交換して撮ってもらいました。

――インターネットというと……？

兎丸　mixiです（笑）。

――抵抗はなかったのでしょうか？

兎丸　昔からインターネットが大好きで、小学校低学年の頃から知らない人とチャットをするような子どもでしたから、全然抵抗はなかったです。

――今から何年前ですか？

兎丸　7年前です。当時の私は、きっと本気で死にたいと思っていたんです。でも、今考えると大人になる前の区切りというか、10代という子どもを卒業する意味で遺影を1枚撮っておきたかったのかもし

れないですね。それが私と写真の出会いです。

——どんなおじさんがきたんですか？

兎丸　ぽっちゃりしたおじさん！

——なんとなく想像できます（笑）

兎丸　いい人でした。その人に写真のことをいろいろと教えてもらって、そこから写真の魅力に取り憑かれたんです。本当に、取り憑かれたという表現がピッタリですね。それまでは、写真に興味なんてなかったのに。写真を撮られることによって、知らなかった自分とたくさん出会えることがとにかく楽しくて。撮ってもらった写真を1枚ずつ見て、少しずつ自分を認めてあげられるような気持ちになっていました。

——認めてあげられるということは、それまでは自分のことは好きじゃなかった？

兎丸　好きになれなかった……。私、兄姉が多くて、末っ子なんです。だから物心ついたときから、比較する対象がいた。兄姉みんなそれぞれ個性があって、共通しているのは“ちゃんとしている”こと。

——兎丸さんはどんなタイプの子どもでしたか？

兎丸　勉強も運動もそれなりにはできたんですけど、お姉ちゃんたちみたいに何かの大会で賞を取ったり、成績でトップを取ったりするようなことができないタイプ。一番になれない悔しさが小さい頃からずっとありました。

——両親からお姉さんたちと比べられるようなことは？

兎丸　全然ないです。逆にお父さんとお母さんに放置されていました。その関心を寄せてくれない、期待のなさも悲しかったですね。

自分の裸を、自分のものにしたかった

——大人と子どもの節目に写真を撮るという発想は多くの人が共感できると思うのですが、兎丸さんはなぜ裸を選んだのでしょうか？

兎丸　昔から、セックスが好きだったんです。好きというか、セックスをすることに抵抗がなかった。自分の体は、男の人とセックスをするためにあるんじゃないかって思ったことがあるぐらい。でも、回数を重ねるうちに自分の体が自分のものじゃない感じがして。汚れちゃったとは言いたくないけど、裸の遺影を撮ることによって、生まれ変わってみたいというか。どう説明したら伝わるかな……。男の人に抱かれる自分が嫌になって、それでもセックスを続けた理由は、お姉ちゃんたちがやったことのないことをやってみたいという気持ちが生まれたから。反骨精神ですよね。セックスをするたびに後悔して。でも、何度も何度もやってしまうんですよ。リストカットと同じ気持ち。

——セックスがある意味、自傷行為だったと。

兎丸　そうそう。裸の遺影を撮ってもらうことによって、そんな自分をきれいさっぱり終わりにしたかったのかも。でも、今考えるとわからないんですよ。突発的にやってしまったことだから。とにかく、私の裸を男の人に抱かれるもので終わらせてしまうことが嫌だったんです。自分の裸を、ちゃんと自分のものにしたかった。

最初は家族にも友だちにも言えなかった

――裸の写真を撮るようになって、その写真はどこかに載せたんですか？

兎丸　自分の記録として、Tumblrに載せていました。ハートマークが増えるだけで、一気に広まったわけじゃないんです。でも、写真を載せていくうちに「あなたのことを撮りたいです」と言ってくれるカメラマンさんが増えて。続けるつもりはまったくなかったんですよ。

――他のカメラマンにも撮ってもらいたいという気持ちにはならなかった？

兎丸　1回限りのつもりだったんですけど、今まで知らなかった自分を知りたいという気持ちが勝ってしまって、裸の写真を撮るようになりました。続けるうちに、仕事の依頼をいただくようになったんです。でも、始めたときは、家族にも友だちにも言えなかった。

――家族にはいつ話したんですか？

兎丸　大学卒業のときです。はじめて裸の写真を撮ってから、3年後ぐらい。もともとなりたい職業があったのに、お姉ちゃんが先になって、「取られちゃった……」と思って。そこからやる気がなくなっちゃった。私、写真と出会うまで好きなものがなかったんです。大学在学中から仕事を引き受けていたし、ここで私の写真人生を終わらせたくないと思って。むしろ、まだ始まってもいないような感じだったし、写真で食べていきたいなと思ってヌードモデルを選びました。

――そこで覚悟を決めて、家族に話したんですね。

兎丸　最初、お父さんに言ったんですよ。お母さんとなんでもないことでケンカをしていたときに、お父さんから「お前、就職どうするんだ？」って聞かれたから、今言うしかないと思って。仕事で撮ってもらった裸の写真が載っている雑誌をリビングのテーブルに広げて、「私はこういう仕事をしています。これからもこれを続けたいんです」って言いながらお父さんに全部見せたんです。

——お父さんの反応は……？

兎丸 最初は「なんでこんなことをやっているんだ！」って怒りましたよ。それで、私もすごい泣いちゃって……。でも、お父さんってすごい。「お前がやりたいならやればいいし、続けたいなら卑屈な気持ちになっちゃダメだ」って言ってくれて。そのとき、強く生きようって思いました。

ヌードモデルという職業を選んだことで、家族の無償の愛に気づけた

——お母さんにはどうやって話したんですか？

©MANAMI Usamaru

兎丸 お母さんには自分から言えなかったんです。だから、お父さんからお母さんに伝えてもらって。でも、やっぱり理解してもらえなかった……。ヌードモデルを続けていたら舞台の仕事をいただいて、お父さんとお母さんに観てもらいたかったから招待したんです。舞台が終わってお父さんとお母さんと会って、お母さんの顔を見た瞬間、私が泣いちゃって。そうしたらお母さんも泣いて。「お母さんどうして泣くの?」って聞いたら、「あんたが泣いているからよ」って言われて。

——たまらないですね……。

兎丸 それまで、ずっとひとりぼっちだと思っていたんです。家族はたくさんいるけれど、私だけ違う、私だけ置いてけぼりみたいな気持ちがずっとあって。でも、私が泣くからお母さんも泣いてくれる。そういう無償の愛にやっと気づけた。それから仕事を引き受けるとき、お父さんとお母さんが悲しまないようなものを選ぶようになりました。

——ヌードモデルという職業を選ばずに就職していたら、それには気づけなかったかもしれないですね。

兎丸 ずっと孤独だったから、今ではこの仕事を選んでよかったと思います。

——お姉さんたちも応援してくれていますか?

兎丸 うーん、どうだろう? 写真展を開催したときに、一番上のお姉ちゃんが突然きてくれてビックリしました。でも、お姉ちゃんたちとはまだ距離があるかも。だから今の目標は、家族とちゃんと家族になることなんです。

一番エロいと思う写真は、鏡越しの女の子の自撮り

――単純に、「裸＝エロ」と捉える人もいます。兎丸さんはヌードという表現をどう考えているのでしょうか？

兎丸　女性の裸とエロって結びついていますけど、私は裸の遺影を撮ることでそれを遮断したんです。

――「裸＝エロ」じゃない？

兎丸　私が裸になっている理由は、そのままの自分、自然体で生きていきたいから。それを表現するために裸になっていて、写真を撮られるときもエロい気持ちにはならないですね。

――裸なのか、何か身につけているのかは関係ないと。

兎丸　私が一番エロいと思う写真は、鏡越しの女の子の自撮り。もう承認欲求だだ漏れ（笑）。鏡越しの自撮りって人に見せるものではなく、自分のものとして撮ると思うんです。人に見せないもののほうがエロいじゃないですか。

――普段、隠しているもの？

兎丸　そう。私はすでに見せてしまっているので、自分の裸を見てもエロを感じないんです。私にとってのエロは、人に見せないものを見せること。だから、裸じゃなくてもいいんですよ。生活感のある部屋とか。普段は見えないものを見たときにドキッとするし、エロを感じる。私が股を開いている写真も、私はエロだと思いません。犬や猫が気を抜いて足を開いているみたいな感じなんです。

——兎丸さんはいつまでヌードモデルを続けるのでしょうか？　女性の裸は若いときだけと考える人もいます。

兎丸　やっぱり、流れに逆らって生きていきたいですね。流されたくない。周りの人から「もう歳なんだからやめたら？」って言われたら脱ぎ続けたいし、逆に「脱ぎ続けたほうがいい」って言われたら服を着るかもしれない（笑）。

——天の邪鬼なんですね（笑）

兎丸　ヌードモデルをきっかけにいろいろな仕事をいただくようになりましたけど、結局、私の居場所だなって思えるのは写真だけなんです。いつまで裸でいるかはわかりませんが、これからも命を削って写真を撮りますよ。

うさまる・まなみ ｜ 1992年生まれ。職業ヌードモデル。2017年4月、カメラマン・塩原洋氏が撮影した写真集『きっとぜんぶ大丈夫になる』（玄光社）を出版した。女性のファンが多いことで知られている。座右の銘も、「きっとぜんぶ大丈夫になる」。

「ヤリチンや童貞になれないもどかしさを抱えて」

INTERVIEW 23

はあちゅう

2018年7月にAV男優のしみけんさんとの事実婚を公表し、大きな話題となった作家のはあちゅうさん。結婚までの馴れ初めや結婚生活を漫画としてInstagramに投稿し、それを単行本としてまとめた『旦那観察日記〜AV男優との新婚生活〜』(スクウェア・エニックス)が人気を集めています。そんなはあちゅうさんに、ご自身のエロの遍歴やしみけんさんとの結婚生活などについて伺いました。

中学校のときに「エロ部」を結成、エロについて研究する日々

——今日ははあちゅうさんにとっての「エロ」を教えてください。まず、性の目覚めはいつ頃だったか覚えていますか。

はあちゅう 小学校3年生か4年生のとき、同級生からセックスという言葉を教えてもらったのがエロの始まりでした。とにかく好奇心旺盛な子どもだったので、見ちゃいけないものとは認識しつつも見たい感情を抑えられずに、友だちとビデオ屋さんの「入ってはいけないコーナー」をこっそり覗いていたのを覚えています。

——小3であのスペースに足を踏み入れるのはずいぶん早いですね。

はあちゅう そこから親の都合で香港とシンガポールに住んだのですが、どちらもエロに対しての規制が厳しい国だったんですよね。特にシンガポールではテレビドラマや映画での性描写・暴力シーン部分は砂嵐に切り替えられていて、あの『タイタニック』ですらセックスシーンはずっと砂嵐でした。そうなると、その向こう側には何があるんだと余計に関心が高くなっちゃって。黎明期のネットの世界で試行錯誤して見ていました。

——エロに制限がかかってることがさらに好奇心をかきたてたんですね。

はあちゅう　そうなんだと思います。日本に戻ってきてからはエロがオープンになったというのもあり、中学生の陸上部女子4人で『エロ部』を結成して、エロ活動をしました。

——エロ部……？　どんな活動をされていたのですか？

はあちゅう　基本的にはエロにまつわること全般、なんでもしていました。男子校の友だちにエロ本を借りてみんなで回し読みしたり、キスマークはどうやったらつくんだろうとみんなで自分の手を吸って内出血させてみたり、「あの子はこんなプレイをしたことがあるらしい」「隣町の中学生がデキちゃったらしい」というゴシップで盛りあがったり、部員がお父さんのAVを持ってきてこっそり鑑賞会をしたり……。

——エロ部の名に恥じない立派な活動ですね……。

はあちゅう　エロ部の活動は超楽しかったです。みんなでAVを見たあと親が帰ってきたときはすごい罪悪感に苛まれるんですけどね（笑）。

——実際にそういった活動が親にバレることはなかったんですか？

はあちゅう　もちろんバレました。しかも最悪のバレ方で……。入手した過激なエロ本をいつものようにみんなで貸し借りしていたら、後輩の一人がしくじって、エロ本を親に見つけられてしまったんです。そして「誰から借りたの!?」と問いただされ、彼女は私の名前を出してしまい……。結局そのお母さんからうちの両親に問題のエロ本が渡り、最悪でした。

——親経由でエロ本が返ってくるなんて考えただけで恐ろしい……。

しかも中身は過激なものっていう。

はあちゅう　そうなんです。ただのエロ本ならまだしも、マニアックな性癖もカバーした特殊なエロ本だったからさすがに両親もびっくりしたようで、そのエロ本を机の上に置いて深夜まで家族会議になりました。「これは普通のエロ本じゃないよ」「どうしてこんなのに興味持つの？」と、とことん詰められましたね。この件はのちに近所でも「あそこのお子さんはいかがわしい本を持ってたらしい」と噂になるほどでした。だから「もうこんなところにはいられない！」と、私のことを誰も知らない場所で生きようと思ったのが、慶応の付属高校を受験したきっかけです。

――なんというきっかけ（笑）。

ヤリチンや童貞になれないもどかしさ

――まさかエロ本が高校受験に繋がっていたとは。しかしエロ部はまるで男子校の学生のような活動だったんですね。

はあちゅう　そうなんですよ。私、心の中に童貞を飼っていて。

――心の中におじさんを飼っている人は過去のインタビューにいらっしゃいましたが、はあちゅうさんの場合は童貞ですか……？

はあちゅう　男子校の非モテな人たちって、非現実的なありえないエロ設定を妄想して延々盛り上がるじゃないですか。私たちエロ部の部員たちも一緒で、周りのイケてる子たちは彼氏を作ってる中、「かっこいい男の子ときゅんとするようなこともないし、てかエロいことどころかキスすら未経験だわ！」って童貞の男子のようにみんな荒ぶってました。だからいまだに恋愛映画をみたり恋愛小説を読んだりするときは基本的に童貞マインドで、女性側に共感することより男性側の目線で「いいな〜羨ましいな〜」って思うことが多いんですよね。

——過去には童貞についての発言で炎上したこともありましたが、そういった童貞性はプラスの感情として捉えているんですか？

はあちゅう　もちろん肯定的に捉えています。やはり童貞マインドのある人は何に対しても渇望している方が多い気がするんですよ。単純に経験人数の話ではなく、自分のいろんな性格的なものも含めて童貞マインドに繋がってると思うんですが、過去にモテなかった経験があるからこそ、のちのち大成したり思慮深くなったりする人は多いと思うんです。そういう人は自分と似た経験をしていると思いますし、やっぱり話していて面白いんですよね。

——それは処女性とは違うものなんですか？

はあちゅう　まったく別のものですね。一般的に「処女性」はピュアで希少価値が高いものに対して使いますが、「童貞性」はどこか鬱屈していて、常に物足りなさを感じているんです。早く童貞を卒業しなきゃ、モテなきゃと渇望していて、それがモチベーションになっているんですよ。あとは、ただ、経験しているか、していないかという物理的な問題というよりは、精神的なものを含めた言葉だと思います。

——処女と童貞では、同じ未経験でも意味がまったく違うんですね。

はあちゅう　女子校で女子が群れているのと、男子校で男子たちが群れているのは全然違うと思うんです。こないだ知り合いに「はあちゅうさんは男子校に行きたかったんじゃないですか」と言われて、確かにそうかもしれないと気づかされたことがあって。おかしな話ですけど。これってアイドルに対する憧れと似てるんですが、男性同士っていい意味でバカだし、下ネタに関してもカラッとしていて、あの輪の中に入って青春したかったなと思うときがあります。でも私はどうやったってヤリチンにも童貞にもなれないので、そこはもどかしくて悲しいんです。

「特定の人とだけ肉体関係を結ぶ」いう考え方こそが洗脳かもしれない

――そんな童貞マインドを持って生きてきたはあちゅうさんですが、旦那さまのしみけんさんとはじめてお会いになったとき、彼の「AV男優」という職業に抵抗はありませんでしたか?

はあちゅう　やはり最初はありましたね。AV男優はどこかで怖い世界と繋がっていて、変に手を出したら良くないことに誘われるかも、という怖い気持ち(笑)。あとは、世の中のヤリチンと同じで、女の子はあくまでもヤッて終わりという対象で、恋人になっても一人の人を愛することはきっとできないんだろうと思ってました。私の中では、特定の人としか肉体関係を結ばないのが愛で、それが当たり前だと思っていたんです。でも彼の中にはその考え方はなかった。私の定義とあまりにもかけ離れすぎていたので、この人はそもそも「人を愛する」っていうことを経験したことがないんじゃないかとすら思ってましたね。

——そこまで彼に違和感を抱いていた中で、どのように気持ちが変化していったんですか?

はあちゅう　常に違和感はありましたけど、彼の話はすごく面白くて、本当にいい人だったんです。これはもうある意味取材として割り切ろうと思って会っていくうちに、彼は全身で気持ちをぶつけてくれて、徐々に信頼できるようになって。そういう彼の人間らしい部分やストイックな部分に触れて好きになっていきました。

旦那が仕事としてセックスをするAV男優ということ

——それで実際にお付き合いされていくわけですね。

はあちゅう　そうですね。それでも最初の2年くらいは彼の仕事がなかなか理解できずに嫉妬することがありました。でも、ただセックスをしているように見えても体の見え方や美しさにこだわっていて、単純に快楽でやってるのではなく理性がある中で仕事としてやっているというのは徐々に理解できるようになりました。

――業界ならではの苦労も多そうですね。

はあちゅう この間もすごく疲れて帰ってきて、「どうしたの？」と聞いたら、「オイルの絡みは足を踏ん張らなきゃいけないから、大変なんだよね」って。パンパンになった彼の足を見て、画面で見る世界とはまた違った苦労があるんだなと。「表向きは華やかに見えるけど実際はみんな泥臭く働いている」という世界は自分の仕事でもよく経験してるので、AVの仕事でも携わる人にしか見えない世界があるんだろうなということを実感しています。

――はあちゅうさん自身、AV男優という職業に対して理解を深めていく中で、さきほどおっしゃっていた愛の定義も徐々に変わっていったんですか？

はあちゅう いえ、私の人生でずっと持ってきた定義なので、そこは変わることはないと思います。でも相手の定義を理解して合わせられるようになってきたのかなと。あとは元も子もないですが、愛するという難しいことを考えなくていいんじゃないかとも思い始めてきました。そこは思考停止でかまわないと。もちろん彼のことは愛してるけど、何が愛かって答えがないじゃないですか。一人の人としか肉体関係を持たないというのも、誰かに植え付けられた先入観でしかなくて、これだけ不倫がはびこる中では実は人間にフィットしてない制度という可能性もある。そういう考え方があることも知って、柔軟に受け入れられるようになりました。

創作意欲の80%は、「モテたい」「認められたい」という気持ち

――先ほどおっしゃっていた「童貞性」がはあちゅうさんの原動力になる

ことはありますか？

はあちゅう　「ヤりたい」「エロいことしたい」といったエロへの欲求が直接原動力になることはないですけど、「モテたい」「認められたい」っていう気持ちが創作意欲の80パーセントぐらいを占めてはいると思います。まあでもこの感情も深掘りしてみたら根源的にはエロと結びつくかもしれませんね。知り合いの社長さんたちと話してみると、モテたいから起業したっていう人がけっこういるんですよ。やっぱり人は人に好かれたいんだなって。私は他者に好かれたいという気持ちが特に大きいほうだと思います。心を受け止めてもらいたいんですよね。

——最後に、ご自身の今後の展望を教えてください。

はあちゅう　小説、エッセイ、ツイッター。いろいろやってきた中で来年『旦那観察日記』がはじめての漫画として書籍化されるので（編集部注：このインタビューは2018年12月に公開されました）、さらに自分の表現を広げていきたいですね。あと、私が今一番なりたいのはYouTuberです！　自分の人生全部をコンテンツにするためにはテキストでの表現にはどうしても限界があるので、動画や音声など様々な発信方法を探っていきたいと思ってます。

はあちゅう｜ブロガー・作家。著作に『とにかくウツなOLの、人生を変える1か月』（KADOKAWA）、『半径5メートルの野望』（講談社文庫）、『通りすがりのあなた』（講談社）など。2018年7月にAV男優のしみけんさんとの事実婚を公表。その馴れ初めや結婚生活を綴った漫画『旦那観察日記』がインスタで話題になり、2019年2月に書籍化された。

「没落の始まりとなった、深夜の自己対話」

INTERVIEW 24

故・ぼくのりりっくのぼうよみ

危うく揺れる若き天才“ぼくのりりっくのぼうよみ”。2018年の秋に「辞職」(同名義での活動の終了)を発表して以来、SNSを中心に話題をさらっているミュージシャンです。17歳のデビュー時から早熟の“天才”としてもてはやされてきたぼくりりくんに、一人の若者としてエロ話をしてもらいました。ああ、なんて贅沢な無駄遣いでしょうか。しかし、これも彼を葬り去る行為のひとつなのかもしれません。ありがとう、ぼくのりりっくのぼうよみ。そしてさようなら、ぼくのりりっくのぼうよみ。

高みを目指し己を舐めた中学時代

――実はこの連載、今回が最後のインタビューになるんです。

故・ぼくりり 拙者が！ すごいタイミングですね。大丈夫かな(笑)。

――そもそもぼくりりくんがこのエロインタビューを受けてくれたのが意外すぎるんですけど、どうしてですか？

故・ぼくりり すごく興味があって。もう辞めるし(編集部注：このインタビューはぼくりりくんの辞職を目前に控えた2018年12月に公開されました)自分を取り繕う必要がなくなったので、変な仕事を受けたいなと思ったら連絡をいただいたので引き受けました。それにFANZAさんにはいつもお世話になっていますし……。

――ありがとうございます。けっこうエロ動画は観るんですか？ 1日何回くらい抜いてるんですか？

故・ぼくりり 息をするように抜いてるからどのくらいかは日によりますが……なんかいきなりで恥ずかしいですね(笑)。

――すみません(笑)。興奮してAVの最初のインタビューみたいになっちゃいました。早速ですが、ぼくりりくんの性の目覚めっていつ頃ですか?

故・ぼくりり　中学に入学してバスケ部に入部したものの、走るのが辛くて1日で辞めちゃったんです。それからは学校からまっすぐ家に帰って部屋でパソコンを見るだけの生活になって。すると必然的にエロに関する情報の吸収が周囲の友人たちよりどんどん速くなって、嗜好も変な方向に向かっていってしまったんですね。

――変な方向っていうのはどういった……?

故・ぼくりり　ちんちんじゃない方向ですね! その様子をTwitterで実況してました! すごくいいですよ。「あっ意外とペンはいけますね〜」的な感じで。

――このインタビュー大丈夫ですかね。

故・ぼくりり　いろんなことがしたかったんです、なんというか、高みに上りたかった。ただ、とてつもない孤独を伴いました。これは言っていいのかわからないのですが、自分で自分のちんちんを舐めてみよう!っていう時期があって。

――自分の。

故・ぼくりり　そうです。確か中2の頃かなあ。「どうしてもフェラチオをされたい。なんで誰もしてくれないんだ。なんなんだ」と思って。そうなったら、もう自分でするしかないじゃないですか。

――そういった状況で「彼女を作ろう」という努力の方向に向かわず自分で成し遂げようとするのは生粋のクリエイター気質なんでしょうかね

……やってみてどうでした？

故・ぼくりり　痛いんですよ。とにかく、背中が。ちんちんがどうとかではなく……。近づくにつれて、痛みは増していきます。イメージ的には、ウイルス対策ソフトの警告みたいに、「注意：背中が限界」ってポップアップが目の前にどんどん表示されていくような。

――怖い。

故・ぼくりり　なんとか成功したんですが、そもそも、ちんちんって割と鈍いっていうか、舌のほうが圧倒的に敏感なので、脳に入ってくる信号がほとんど舌からだったんですよね。フェラされたかったはずなのに、フェラする側の気持ちしかわかりませんでした。

――それは盲点ですね（笑）。

故・ぼくりり　でもその後も何回かチャレンジしてみました。そうすることで、自分が一種の高みに到達するんじゃないかという気持ちがあったんです。これはひょっとしたら人間として高尚なことをやっているんじゃないかって。でもあるときちんちんが暴走してコントロールできずに眼球に発射してしまったんです。死ぬほど痛くて辛かったです！それを機にその派閥から退きました。

――このインタビュー大丈夫ですかね。

いつもの部屋が、非日常的なフィールドに変わる

――しかしなぜそんなリスキーでチャレンジングなオナニーを続けてたんでしょうか。

故・ぼくりり　非日常になるんですよ。オナニーは日常の産物ですけど、そこに新たなチャレンジを加えてみることで、それが非日常になる。クライマックスに近づくにつれて、急に『遊戯王』のBGMが脳内を駆け巡って、いつもと変わらない自分の部屋が非日常的なフィールドになるような（笑）。

——ちなみに好きなAVもけっこう非日常的なものなんですか？

故・ぼくりり　ジャンルレスですけどね。けっこう普通のが好きです。素人モノは夢があっていいなと思います。

——意外とそこはリアルなジャンルですね。でも「え〜？　これ本当に素人〜？」って怪しんだりはしないんですか？

故・ぼくりり　いや、全然。もうそれは脳を停止させてますね。「わー可

愛いーこんな子が看護師なのかーうわー」みたいな。それに、本当かどうかわからない肩書を背負ってAV出て性行為している女性自体に美しさを感じてしまいますよね。抜いてる最中は思考停止でも、終わったあと改めてそんなところに思いを馳せたりします。カフェの店員でもなんでもないのに「カフェの店員です」と言ってるのかもしれないと思うと……なんか美しいなと。

——……それは人間くさいって意味での美しさなんですかね？

故・ぼくりり　そうですね。矛盾をはらんでいるじゃないですか。それが素晴らしいなって。もののあはれを感じるというか……エモですね。

——ちなみに買った作品はけっこうじっくり観るほうですか？

故・ぼくりり　僕早漏なんで、観る部分が極端に短いんですよね。だから繰り返し、けっこう大事に観てます。自分の創作にはけっこう見切りが早かったりするんですけどね。

女性の得体の知れなさが、欠落を生んだ

——17歳でデビューした当時、「モテたい」という感情はあったんですか？

故・ぼくりり　「めっちゃモテたい」って思ってましたよ。当時のニコニコ動画には「ニコラップ」っていうカテゴリーがあって、そこで動画を投稿してたんです。多くて10万回再生くらいの小さな村なんですけどね。今思えば「チヤホヤされたい」「モテたい」という気持ちはめちゃくちゃありました。

——そこから続けていく中でエロは原動力になり続けました？

故・ぼくりり　エロは原動力には別になってないですね。どちらかというと創作そのものが楽しくなっていきました。より良いものを作りたいっていう純粋な気持ちというか。

——ぼくのりりっくのぼうよみの音楽は、社会に対する怒りがエネルギーになっている印象があるんですが、そこにエロは介在しなかったっていうことですか？

故・ぼくりり　ないですね。エロは人間の創作という行為と非常に密接な関係なんだけれども、根本的にレイヤーが違うんだと個人的に思うんです。ぼくりりと僕個人、音楽、仕事は一緒のレイヤーにあるんですけど、エロに関しては存在している位置が全然違います。聖域……というか。

——エロは聖域……！

故・ぼくりり　中学高校と、湘南の海沿いの男子校で育ったので、エロ……というか女性に対してだけ「マジこの得体の知れなさはなんなんだ」みたいな感情があるんです。多感な時期に、1日の中でコンビニの店員さんくらいしか女性を見ないっていう生活が続くと、女性を知る材料がまったくなくて。同じ人間だということは頭で理解できても、まるで異星人を見ているような気持ちになるんです。10代の大事な期間に異性を知ることができなかったためか、何か人として大事なものが欠落している感覚があるんです。女性に対する得体の知れないものという思いがいまだに消えないのもそのせいかもしないですね。この欠落の感覚こそが、むしろ創作活動に活きている感じもします。

——恋愛経験は普通にあったんですよね？

故・ぼくりり 高校時代、普通に彼女はいました。ファーストアルバムの時なんかは、彼女にフラれたことがきっかけで4曲くらいできています。「別れたーつらーい、うぅー」みたいな。でも女性と付き合ったからといって、女性そのものに対する得体の知れなさは変わらなかったんです。

ぼくのりりっくのぼうよみは、そもそも最初からぶっ壊れていたんですよ

――この記事が公開されて約1ヶ月後にはぼくのりりっくのぼうよみという存在がいなくなってしまうわけで、そう考えると本当に貴重なインタビューです。でも、ぼくのりりっくのぼうよみって、不在によってむしろ活きる存在なのかなって思ったりもしたんです。

故・ぼくりり それは鋭い指摘ですね。今はアルバム『没落』が僕にとって子どものような存在で。この子どもを一番輝く場所に置いてあげたいって気持ちが強いんです。『没落』というアルバムをどの自分が出すのが一番ふさわしいのか、それを今デザインしている感覚かな。肥大化してしまった“ぼくのりりっくのぼうよみ”という存在をもう一度僕の手に取り戻して、操って破壊することで何が起きるのか。その後のことはまったく考えてなくて、今ぼくのりりっくのぼうよみをどう破壊するのか、それが圧倒的な目的ですね。そして、こういったかたちのエンタメが刺さる人に刺さればいいなって。だから同じ音楽家ではなく、どちらかというと映画監督や小説家などのエンターテイナーに対して挑戦状を叩きつけるような感じかな。「こんなエンターテインメントのかたちもありますよ」って、新たに1個提示したいっていう気持ちがありますね。

——今まで積み上げてきたものがあるからこそ、今行っている破壊行為はよりインパクトがあるんでしょうね。

故・ぼくりり　っていうか、「そうか、ぼくりりはそもそも最初からぶっ壊れてたんだな」って思いますよね（笑）。

——では最後もどうしようもない質問で終わろうと思うのですが、辞職後、エロに関して極めていきたいことがあれば教えてください。

故・ぼくりり　極めていきたいか、ですか……。この先エロに関しては……極めていきたいっていうよりも、自由でありたいというか、なんでも受け入れられるキャパシティーを持っていきたいですね。また、自分一人でもいろいろとやってみたいですね。無職になるし。

ぼくのりりっくのぼうよみ ｜ ミュージシャン。高校3年生だった2015年12月、1stアルバム『hollow world』でメジャー・デビュー。2018年、ぼくのりりっくのぼうよみを「辞職」することを宣言。3年間のアーティスト活動を2019年1月で終えた。2018年12月12日、ラスト・オリジナルアルバム『没落』と、ベストアルバム『人間』を同時リリース。

「TISSUE BOX」記事公開日／取材クレジット一覧

二村ヒトシ
本書のための語り下ろし
文章／高山諒

菊地成孔
本書のための語り下ろし
インタビュー／姫乃たま
文章／高山諒

呂布カルマ 2018.8.1
文章／川越未満

宮川サトシ 2018.8.8
文章／川越未満

笠井爾示 2018.8.15
文章／川越未満

湯山玲子 2018.8.22
文章／川越未満

佐野恭平 2018.8.29
文章／川越未満

ぱいぱいでか美 2018.9.5
文章／川越未満

鈴木涼美 2018.9.12
文章／川越未満

石野卓球 2018.9.19
文章／川越未満

ヨッピー 2018.9.26
文章／川越未満

吉田貴司 2018.10.3
文章／高山諒

紺野ぶるま 2018.10.10
文章／高山諒

倉持由香 2018.10.17
文章／川越未満

白根ゆたんぽ 2018.10.24
文章／高山諒

佐伯ポインティ 2018.10.31
文章／高山諒

もりすけ 2018.11.7
文章／大川竜弥

古賀学 2018.11.14
文章／高山諒

姫乃たま 2018.11.21
インタビュー／高山諒
文章／大月真衣子

青山裕企 2018.11.28
文章／大川竜弥

高山洋平 2018.12.5
文章／大川竜弥

兎丸愛美 2018.12.12
文章／大川竜弥

はあちゅう 2018.12.19
文章／高山諒

故・ぼくりり 2018.12.26
文章／川越越太郎

全編
カメラ／なかむらしんたろう
編集／サカイエヒタ

FANZA REPORT

性に関する統計調査

「FANZA REPORT」とは、2017年9月1日から2018年8月31日までの1年間を対象に、「FANZA」を訪問した約3億5千万人の利用情報からGoogle Analyticsを活用して抽出したデータをまとめた統計情報です。

REPORT 01 年間 ユーザー数

約3億5千万人

(351,332,945人)

⇒アメリカ合衆国の総人口

(3億2843万人[*])**を超える**

ユーザーが年間「FANZA」を訪問していることを表しています。

★=IMFによる2018年4月時点の推計(https://www.imf.org/en/Publications/SPROLLS/world-economic-outlook-databases#sort=%40imfdate%20descending)

REPORT 02 年間 総訪問回数（セッション数）

1年間 **約16億回**

（1,661,348,623回）

1日 **約461万回**

（4,614,857回）

平均すると、月に約1億4千万回（138,445,718回）、1日あたり約461万回（4,614,857回）の訪問を記録したことになります。この数は、1日の乗降客数ギネス世界1位の「新宿駅」の利用者数（約3,640,000人[*]）を大きく上回る数であり、そのトラフィックの多さをご想像いただけるのではないでしょうか。

* ＝2011年 ギネス・ワールドレコード（http://www.guinnessworldrecords.jp/world-records/busiest-station）

REPORT 03 年間 検索数

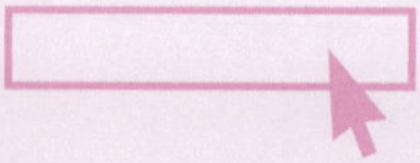

約3億3千万回 （331,043,780回）

FANZAサイト内において、月に約2,760万回（27,586,981回）、日に約91万回（919,566回）、毎時約3万8千回（38,315回）、毎分約638回、毎秒約10回もの検索が行われたことになります。

REPORT 04 FANZAで発売された作品数

26,961本

総収録時間 69,028時間 = 約8年(2,876日)

FANZAで新たに発売された作品数は、26,961本、総収録時間にして69,028時間分。これらを全て再生するには2,876日、つまり約8年かかることになります。まさに気の遠くなる膨大な量です。ちなみに、国内にて2017年度に公開された映画の本数は、邦画594本・洋画593本であり、合計1,187本[*]。FANZAでは、この約23倍の数が登場した計算になります。

★=一般社団法人日本映画製作者連盟(http://www.eiren.org/toukei/data.html)

REPORT 05 ユーザーの男女比

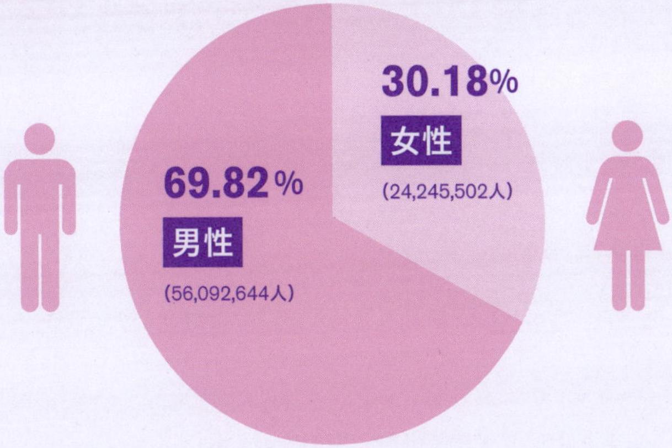

※ Google Analyticsの解析によって男女属性が明らかになったデータのみ対象とした

REPORT 06 ユーザーの年齢層

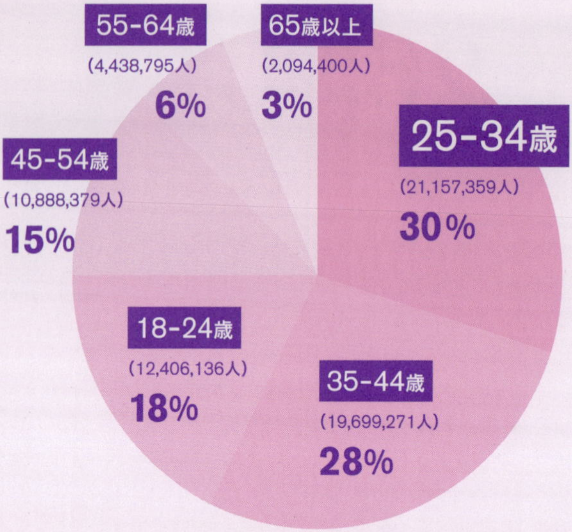

※ Google Analyticsの解析によって年齢属性が明らかになったデータのみ対象とした

REPORT 07 65歳以上ユーザーが多い県

1 **奈良** (4.49%)

2 **島根** (3.87%)

3 **山口** (3.86%)

4 **長野** (3.76%)

5 **兵庫** (3.70%)

各都道府県ユーザーのうち65歳以上が占める割合をみた場合、全国平均に対し奈良県は1.5倍の4.49%と突出しています。

※Google Analyticsの解析によって年齢属性が明らかになったデータのみ対象とした

REPORT 08

人気検索ワード

順位	ワード
1	熟女
2	巨乳
3	痴漢
4	人妻
5	中出し
6	ギャル
7	爆乳
8	アナル
9	レズ
10	素人
11	マジックミラー号
12	ニューハーフ
13	コスプレ
14	媚薬
15	潮吹き
16	乳首
17	痴女
18	マッサージ
19	母乳
20	クンニ
21	ぽっちゃり
22	催眠
23	ロリ
24	フェラ
25	ナンパ

1年間で検索されたワードについて人気TOP25を発表。「熟女」が見事人気1位となり、日本のエロトレンドは今まさに「熟女ブーム」であると言えます。世界のエロトレンドでも、2017年の調査で 1位：lesbian（レズビアン）、2位：hentai（アニメ）、3位：milf（熟女） という結果が出ており[*]、世界的にみても「熟女」への注目が高まっている様子がうかがえます。

* ＝Pornhub INSIGHTS - 2017 YEAR IN REVIEW（https://www.pornhub.com/insights/2017-year-in-review）

REPORT 09

人気検索ワード／エリア別

中国

1. 熟女
2. 痴漢
3. 巨乳
4. アナル
5. 人妻
6. レズ
7. マジックミラー号
8. コスプレ
9. ギャル
10. 素人
11. 中出し
12. 爆乳
13. ニューハーフ
14. 媚薬
15. 潮吹き
16. マッサージ
17. 催眠
18. 母乳
19. 乳首
20. 痴女

近畿

1. 熟女
2. 巨乳
3. 痴漢
4. ギャル
5. 人妻
6. 中出し
7. 爆乳
8. アナル
9. レズ
10. 素人
11. ニューハーフ
12. マジックミラー号
13. 媚薬
14. コスプレ
15. 潮吹き
16. 痴女
17. マッサージ
18. 母乳
19. 乳首
20. クンニ

九州＆沖縄

1. 熟女
2. 巨乳
3. 痴漢
4. 人妻
5. 爆乳
6. アナル
7. レズ
8. 中出し
9. 素人
10. マジックミラー号
11. ギャル
12. コスプレ
13. ニューハーフ
14. 媚薬
15. 潮吹き
16. マッサージ
17. クンニ
18. 乳首
19. 母乳
20. 痴女

四国

1. 熟女
2. 痴漢
3. 巨乳
4. アナル
5. 人妻
6. コスプレ
7. 爆乳
8. レズ
9. マジックミラー号
10. ギャル
11. 中出し
12. 素人
13. 媚薬
14. 催眠
15. 乳首
16. ニューハーフ
17. マッサージ
18. 潮吹き
19. 痴女
20. クンニ

東北

1. 熟女
2. 巨乳
3. 痴漢
4. 中出し
5. アナル
6. 爆乳
7. コスプレ
8. レズ
9. 人妻
10. マジックミラー号
11. ギャル
12. 素人
13. 潮吹き
14. ニューハーフ
15. 媚薬
16. 母乳
17. 乳首
18. マッサージ
19. ぽっちゃり
20. クンニ

北海道

1. 熟女
2. 巨乳
3. 痴漢
4. 中出し
5. 爆乳
6. アナル
7. 素人
8. 人妻
9. レズ
10. マジックミラー号
11. ギャル
12. コスプレ
13. ニューハーフ
14. ぽっちゃり
15. 媚薬
16. 潮吹き
17. 母乳
18. 痴女
19. マッサージ
20. クンニ

中部

1. 熟女
2. 巨乳
3. 痴漢
4. 人妻
5. 中出し
6. アナル
7. レズ
8. ギャル
9. 爆乳
10. マジックミラー号
11. コスプレ
12. 素人
13. ニューハーフ
14. 媚薬
15. 潮吹き
16. マッサージ
17. 乳首
18. 痴女
19. 母乳
20. 催眠

関東

1. 熟女
2. 巨乳
3. 痴漢
4. 中出し
5. ギャル
6. 爆乳
7. 人妻
8. アナル
9. レズ
10. 素人
11. マジックミラー号
12. ニューハーフ
13. コスプレ
14. 乳首
15. 痴女
16. 媚薬
17. マッサージ
18. 母乳
19. 潮吹き
20. クンニ

関東と近畿でのみ ギャル がTOP5入り。ギャル人気をこの2エリアが牽引しているのが見て取れます。また、中出し については北海道・東北・関東・中部でTOP5入りしており、東高西低と言えるでしょう。

REPORT 10

人気検索ワード／男女別

男性ランキング

1	熟女	6	アナル	16	痴女
2	巨乳	7	ギャル	17	催眠
3	人妻	8	中出し	18	ぽっちゃり
4	爆乳	9	コスプレ	19	媚薬
5	痴漢	10	ニューハーフ	20	ごっくん
		11	VR	21	VR専用
		12	レズ	22	マッサージ
		13	素人	23	ロリ
		14	マジックミラー号	24	パンスト
		15	母乳	25	M男

女性ランキング

1	クンニ	6	マッサージ	16	マジックミラー号
2	痴漢	7	熟女	17	素人
3	レズ	8	潮吹き	18	爆乳
4	乳首	9	クリトリス	19	バイブ
5	巨乳	10	媚薬	20	電マ
		11	中出し	21	レイプ
		12	アナル	22	ニューハーフ
		13	オナニー	23	乳首責め
		14	おっぱい	24	ギャル
		15	人妻	25	乱交

男性ではランク外だった「クンニ」が、女性では堂々の人気1位を記録。そのほか、「人妻」「爆乳」「ギャル」など男性人気なワードが、女性ではTOP10から外れるなど男女間で大きく異なる結果が得られました。

REPORT 11

人気検索ワード／年齢別

	18-24歳	25-34歳	35-44歳
1	痴漢	巨乳	熟女
2	巨乳	痴漢	巨乳
3	ギャル	熟女	人妻
4	コスプレ	ギャル	痴漢
5	レズ	爆乳	アナル
6	爆乳	中出し	ニューハーフ
7	中出し	アナル	中出し
8	潮吹き	コスプレ	爆乳
9	VR	レズ	素人
10	熟女	VR	レズ
11	マジックミラー号	ニューハーフ	マジックミラー号
12	アナル	人妻	ギャル
13	媚薬	素人	VR
14	催眠	マジックミラー号	コスプレ
15	素人	痴女	母乳
16	乳首	媚薬	マッサージ
17	人妻	催眠	クンニ
18	企画	母乳	ぽっちゃり
19	痴女	乳首	乳首
20	ロリ	マッサージ	痴女

順位	45-54歳	55-64歳	65歳以上
1	熟女	熟女	熟女
2	人妻	人妻	コスプレ
3	巨乳	コスプレ	人妻
4	レズ	レズ	レズ
5	アナル	アナル	アナル
6	ニューハーフ	ニューハーフ	巨乳
7	マジックミラー号	巨乳	近親相姦
8	痴漢	マジックミラー号	義父
9	素人	痴漢	五十路
10	中出し	五十路	ニューハーフ
11	コスプレ	素人	素人
12	爆乳	近親相姦	マジックミラー号
13	母乳	中出し	痴漢
14	マッサージ	マッサージ	おばさん
15	五十路	母乳	中出し
16	近親相姦	おばさん	マッサージ
17	VR	黒人	緊縛
18	パンスト	義父	黒人
19	おばさん	パンスト	母子交尾
20	ぽっちゃり	媚薬	義母

全体で人気NO.1となった「熟女」は、ほとんどの年齢層から高い支持を得ていることが分かります。全体人気3位の「痴漢」、6位「ギャル」、7位「爆乳」は44歳以下の層に強く、一方で45歳以上になると「レズ」や「コスプレ」が人気上位にランクインしてくる傾向が見て取れます。

REPORT 12 人気セクシー女優（検索ランキング）

1 明日花キララ

2 紗倉まな

3 三上悠亜

4 高橋しょう子

5 鈴村あいり

紗倉まな
（SODクリエイト）

三上悠亜
（エスワン ナンバーワンスタイル）

高橋しょう子
（ムーディーズ）

鈴村あいり
（プレステージ）

6 椎名そら

7 白石茉莉奈

8 君島みお

9 橋本ありな

10 吉川あいみ

11 吉沢明歩

12 天使もえ

13 伊東ちなみ

14 JULIA

15 葵つかさ

16 上原亜衣

17 桃乃木かな

18 佐々木あき

19 初川みなみ

20 波多野結衣

1年間で検索された情報をもとに、人気セクシー女優ランキングTOP20を発表。NO.1に輝いたのは「明日花キララ」。そのほか、「紗倉まな」「三上悠亜」「高橋しょう子」らが強さを見せる結果となりました。

REPORT 13 人気セクシー女優／男女別

男性ランキング

1 明日香キララ
2 紗倉まな
3 三上悠亜
4 高橋しょう子
5 鈴村あいり
6 椎名そら
7 君島みお
8 白石茉莉奈
9 JULIA
10 吉沢明歩
11 伊東ちなみ
12 橋本ありな
13 天使もえ
14 佐々木あき
15 吉川あいみ
16 桃乃木かな
17 RION
18 波多野結衣
19 市川まさみ
20 初川みなみ

女性ランキング

1 明日香キララ
2 三上悠亜
3 紗倉まな
4 高橋しょう子
5 葵つかさ
6 ANRI
7 椎名そら
8 白石茉莉奈
9 吉川あいみ
10 上原亜衣
11 JULIA
12 吉沢明歩
13 松下紗栄子
14 天使もえ
15 君島みお
16 RION
17 桜空もも
18 鈴村あいり
19 小島みなみ
20 橋本ありな

男女ともに全体1位の「明日花キララ」がトップにランクイン。そのほか上位3名に変化は見られませんが、男性検索ランキングでランク外だった「葵つかさ」「ANRI」など元グラビアアイドル・元タレント系が、女性検索ランキングで5位6位に食い込み、女性からの支持の高さが顕著に表れた結果となりました。

REPORT 14

人気セクシー女優／年齢別

	18-24歳	25-34歳	35-44歳
1	**明日花キララ**	**明日花キララ**	**紗倉まな**
2	**紗倉まな**	**紗倉まな**	**高橋しょう子**
3	**三上悠亜**	**三上悠亜**	**三上悠亜**
4	高橋しょう子	高橋しょう子	明日花キララ
5	上原亜衣	椎名そら	君島みお
6	白石茉莉奈	鈴村あいり	鈴村あいり
7	椎名そら	JULIA	吉沢明歩
8	吉川あいみ	白石茉莉奈	佐々木あき
9	橋本ありな	吉沢明歩	椎名そら
10	天使もえ	天使もえ	JULIA
11	鈴村あいり	君島みお	白石茉莉奈
12	羽咲みはる	RION	伊東ちなみ
13	JULIA	桃乃木かな	春菜はな
14	RION	橋本ありな	星奈あい
15	葵つかさ	吉川あいみ	橋本ありな
16	湊莉久	AIKA	松下紗栄子
17	桃乃木かな	伊東ちなみ	天使もえ
18	伊東ちなみ	あやみ旬果	市川まさみ
19	AIKA	羽咲みはる	葵つかさ
20	小島みなみ	初川みなみ	波多野結衣

全体人気で上位の「明日花キララ」をはじめTOP5の面々は、44歳以下で常に上位にランクインする強さを見せています。一方、45歳以上になるとガラリとメンツが変わり、人妻系セクシー女優「松下紗栄子」が強さを見せるほか、2017年にAVデビュー20周年を迎えたベテランセクシー女優「風間ゆみ」なども支持される傾向が見られます。

45-54歳

1. 松下紗栄子
2. 佐々木あき
3. 君島みお
4. 三上悠亜
5. 高橋しょう子
6. 紗倉まな
7. 星奈あい
8. 伊東ちなみ
9. 風間ゆみ
10. 吉沢明歩
11. JULIA
12. 白石茉莉菜
13. 波多野結衣
14. 鈴村あいり
15. 明日花キララ
16. 市川まさみ
17. 葵つかさ
18. 永井みひな
19. 椎名そら
20. 春奈はな

55-64歳

1. 松下紗栄子
2. 風間ゆみ
3. 君島みお
4. 佐々木あき
5. 三上悠亜
6. 高橋しょう子
7. 三浦恵理子
8. 波多野結衣
9. 星奈あい
10. 紗倉まな
11. 葵つかさ
12. 川上ゆう
13. 伊東ちなみ
14. JULIA
15. 吉沢明歩
16. 白石茉莉奈
17. 水野朝陽
18. 谷原希美
19. 篠田ゆう
20. 永井みひな

65歳以上

1. 松下紗栄子
2. 風間ゆみ
3. 羽多野結衣
4. 佐々木あき
5. 君島みお
6. 三浦恵理子
7. 友田真希
8. 葵つかさ
9. 川上ゆう
10. 三上悠亜
11. 北条麻妃
12. 谷原希美
13. 高橋しょう子
14. 紗倉まな
15. 翔田千里
16. 伊東ちなみ
17. 吉沢明歩
18. 夏目彩春
19. 水野朝陽
20. 星奈あい

松下紗栄子
（アタッカーズ）

風間ゆみ
（HMJM）

君島みお
（痴女ヘブン）

REPORT 15

トラフィックの多い県

全国平均 317.29秒

都道府県別 平均セッション時間(秒)

順位	都道府県	秒
1	神奈川	344.21
2	千葉	340.33
3	長野	338.04
4	埼玉	333.70
5	東京	332.86
6	島根	332.76
7	静岡	326.72
8	兵庫	326.42
9	北海道	325.33
10	京都	321.89
11	愛知	321.70
12	鳥取	321.54
13	岩手	321.50
14	大阪	321.30
15	奈良	321.16
16	長崎	321.16
17	富山	320.82
18	岐阜	320.61
19	山形	320.18
20	山口	318.30
21	三重	317.84
22	滋賀	317.44
23	茨城	316.30
24	新潟	316.29
25	福岡	316.18
26	山梨	315.58
27	石川	314.70
28	栃木	314.68
29	広島	314.64
30	福島	314.56
31	岡山	313.29
32	群馬	313.24
33	宮城	313.14
34	秋田	312.92
35	鹿児島	312.48
36	大分	312.10
37	福井	310.66
38	青森	310.19
39	和歌山	309.01
40	香川	307.94
41	愛媛	307.32
42	佐賀	303.65
43	徳島	302.49
44	熊本	300.65
45	沖縄	299.99
46	宮崎	298.76
47	高知	296.27

サイトに滞在した平均時間(セッション時間)を県別に見ると、全国の平均滞在時間は317.29秒であることが分かりました。また、時間の長さでランク付けした場合、TOP3は 1「神奈川」・2「千葉」・3「長野」。逆にワースト3は 45「沖縄」・46「宮崎」・47「高知」という結果が得られました。

REPORT 16

AVを観ている時間帯

平日は夜8時〜深夜2時ごろまでが最も観られている時間帯と言えるでしょう。週末の土曜・日曜は昼食時を挟んで日中から愉しむ人も多数見られます。特徴的だったのは、平日の早朝4時〜7時の間(出勤前)に盛り上がりを見せている部分です。"朝立ち"がある程度影響しているのでしょうか。前述のPornhub INSIGHTS(2017 YEAR IN REVIEW)[*] で紹介されている「Favorite Time to Watch Porn」の動きを見ても、このような現象は見られず、日本独自の動きと言えるかもしれません。

* =Pornhub INSIGHTS - 2017 YEAR IN REVIEW (https://www.pornhub.com/insights/2017-year-in-review)

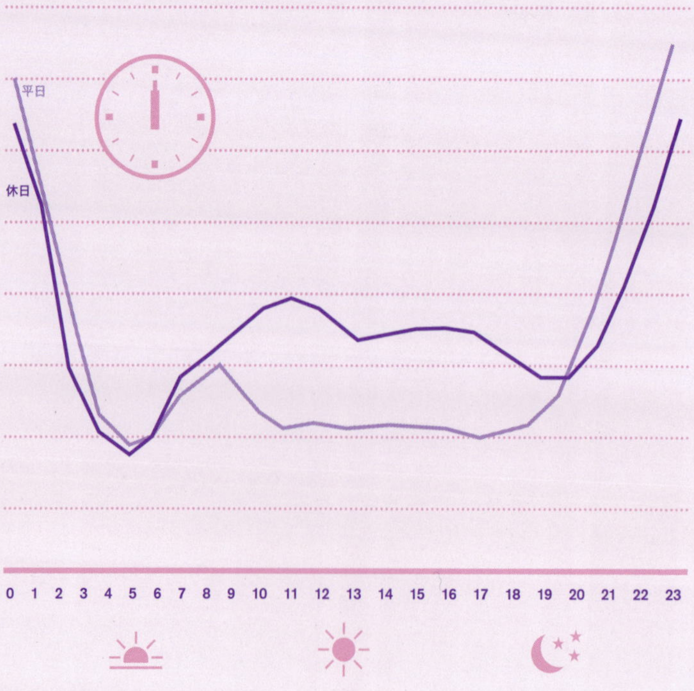

FANZA BOOK

2019年7月30日　第1刷発行

監修 FANZA

「TISSUE BOX」企画・編集
サカイエヒタ＋高山諒（ヒャクマンボルト）

書籍企画・編集
三浦修一（スモールライト）

写真
なかむらしんたろう

ブックデザイン
大西隆介＋沼本明希子（direction Q）

DTP
椙元勇季（direction Q）

校正
会田次子

発行者　中村孝司
発行所　スモール出版

〒164-0003　東京都中野区東中野3-14-1
グリーンビル4階　株式会社スモールライト

TEL 03-5338-2360／FAX 03-5338-2361
E-mail　books@small-light.com
URL　http://www.small-light.com/books/
振替　00120-3-392156

印刷・製本　中央精版印刷株式会社

定価はカバーに表示してあります。乱丁・落丁（本の頁の抜け落ちや順序の間違い）の場合は、小社販売宛にお送りください。送料は小社負担でお取り替えいたします。なお、本書の一部あるいは全部を無断で複写複製することは、法律で認められた場合を除き、著作権の侵害になります。©2019 FANZA　©2019 Small Light Inc.　Printed in Japan
ISBN978-4-905158-68-4